20種2輪遊臺灣的方式

單車壯遊

Ride for Dreams

青年壯遊 單車逐夢

「有些事現在不做，就永遠都不會做了。」這句電影《練習曲》裡的經典台詞，在上映當年燃起了一股單車環島熱，所有的熱潮都會退燒，但那份藏在青年心中，對於壯遊的想望與熱誠，卻永遠都不會變。

青輔會所發起的「青年單車壯遊臺灣」活動已經舉辦了2屆，活動目的在於，希望年輕人藉由單車行遍臺灣、認識鄉土，發揮嘗試新事物的創意與冒險犯難的勇氣，挑戰自己，也藉此多多體驗臺灣的人事物。

特別是第2屆「青年單車壯遊臺灣」活動，更獲得諸多回響；其中，「企畫我們的單車成年禮」活動，有182個青年團隊提案競爭，而「書寫我的感動故事」方面，總投稿數也多達856件，由此可見，青年朋友們對單車壯遊活動的認同及喜愛。

2年來，青輔會共徵選出20組饒富創意的優勝團隊，協助他們完成單車

壯遊臺灣的夢想。有的團隊不怕苦，挑戰騎乘「協力車」環島；有的團隊騎著單車去各地找老樹、聽耆老説故事；有的團隊造訪各地農家，再次去理解自己與土地的關係；更有的團隊決定去找尋最古老的柑仔店，只為記憶中那幅美好的童年畫面……，這群年輕人除了發揮創意外，在壯遊的過程中可以看見他們的堅持及熱情。

在建國百年時，謹以這本書的出版，鼓勵更多的青年以單車低碳、健康、環保方式壯遊臺灣。不管主題是KUSO的點子，或是高瞻遠矚的理想，青年們可以重新定義自我，向內探索、成長，也重新親近生長的土地，認識臺灣的美好。

行政院青年輔導委員會 主任委員 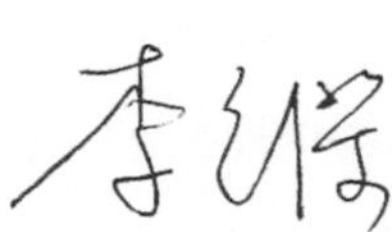

評審委員序

青年單車壯遊

旅行是最好的老師

一整天愉快地踩踏著，傾聽自然的韻律，身心和單車節奏漸漸融合，達到「天人合一」的境界，天空的雲，風中的葉，都好像是雙手的延伸，融入此刻的陽光、微風、原野、海洋，自己和單車也成為自然的一部分。這是單車旅行最吸引人之處，相信完成單車壯遊臺灣的年輕朋友們都曾深刻體會到，那種純粹的自由和感動。

透過行政院青輔會單車壯遊臺灣活動，分享各團隊從計畫到成行，看見大家用青春的熱血，用旅人的角度，從心發現自己的故鄉，臺灣的自然之美、文化歷史、溫暖人情和各地美食，也透過各位的精彩紀錄，處處充滿感動。

旅行是最好的老師，上路吧！希望一棒接一棒，能夠有更多年輕朋友，踏上單車壯遊臺灣圓夢之旅，也期待大家帶著這份感動走向世界各地。祝福大家能透過海內外單車旅行，自我探索、增廣見聞、培養積極人生觀和國際視野，迎接屬於自己全新的未來。

Vicky Lin 林存青／單車環球夢網站 www.vickypinky.com 創辦人

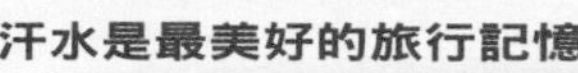

汗水是最美好的旅行記憶

旅行的千百種姿態中，我最愛會流汗的旅行。汗水是心跳搏動、呼吸猛烈進出肺臟，最後，將人的能量輸出的具體表徵。騎單車的旅行者，就是藉由勞動般的姿態，在汗流浹背與氣息吞吐之間，才終於有機會融入天地，一步一腳印的行過他所旅行的大地。

不管是漫無目的隨興出發，想望在過程中尋找何謂旅行的意義；還是先設定了具體的目標，再上路去實踐，只要出發上了路，開始流汗，你就能一尺一尺甚至一寸一寸去體會、撫摸大地的起伏與脈動，這是騎上單車流汗去旅行最奇妙的地方。

如果你的旅行姿態，比這樣更輕鬆，安逸到連一滴汗珠都不見，那麼在旅行結束之後，也許你記得了那藍天、那起伏的山巒美妙模樣，可是恐怕難以體會其中的可敬與奧妙之處。

在旅行中，如果留下了夠多的汗水，五感就會在瞬間暢通無比，彷彿跟天地之氣緊密相連，一起呼吸，大地的容顏也會隨之沁入你身體記憶的最深處，蝕刻出一輩子難以遺忘的美麗記憶。

你，還在猶豫該怎麼去旅行嗎？

王比利／自由作家、小摺達人
著有《單車慢慢騎》、《小摺快跑》等

單車壯遊轉動年輕夢想

青年壯遊逐夢，以2輪騎乘方式實現理想。在單車壯遊計畫中，有的人將書送給山上的孩子，彌補偏遠地區學童圖書資源不足的問題；有的人遍尋臺灣歷史古蹟百景，見證歲月的洗禮；有的人在行程中與各行各業人士擊掌，激勵人心；有的人尋訪老樹，聽聽當地居民與自然互動的故事……。現今，青年學子走出書房，與臺灣這片土地做連結，進一步的跨出饒富意義。

行政院青輔會所舉辦的「青年單車壯遊臺灣」活動，相當有意義。在全球化的今日，疆界似乎不再那麼明顯，但立足於斯、成長於斯，深刻了解臺灣，認識自己生長的土地，更能幫助年輕人清楚自己的位置，知道在地的優勢。同時，可透過本書，跟著單車名人與車隊，用各式各樣的角度認識臺灣。

而在實際踏入社會前，有機會完成一件熱血、與眾不同的夢想，相信這些車隊成員，也都因此而擁有了難忘的經驗。那些一路上的風景、相遇與相識之人、沿途灑落的汗水、團隊間的合作與爭執，皆轉化為寶貴的回憶，在時光旅程中，踩踏出一條條感動的痕跡。

單車熱潮依舊持續著，壯遊風氣亦日漸興起，我們樂於見到人們以自己喜歡的方式，造訪不同的地方，帶給自身與他人滿滿的感動及啟示。出發吧！任何形式的旅遊都能帶來驚喜，自行車是很好的選擇，2個輪子就能轉出精彩的故事！

石曉楓／國立臺灣師範大學國文系副教授

單車壯遊做自己

活在這個世界上，最難的大概就是做自己，不是盲目的自己，

而是把自己打開，讓自己去體驗、感受這個世界，做出選擇與方向，並勇於承擔這個選擇。

單車壯遊也許就是一次美麗的火花，從過程中找到，體悟一種做自己的快樂，用身體思考，以汗水燃燒靈魂的熱情，延伸好奇心的視野，也許慢慢會找到自己未來最有興趣、最想投入熱情的事情。

最有興趣、最想投入、做自己的過程，都會遇到很多挑戰，如何將自己的想法化為行動，起而行而非空談，實踐過程中修改、調整方向，一定會慢慢找到自己最想投入的事情。

勇敢，走自己的路，而非別人期待你走的路，我相信一定會找到。

單車壯遊，是永無止盡出發的第一站，在人生的出發點找到熱情，並能快樂生活著，才是人生最爽快的樂事！

洪震宇／作家與創意人
著有《旅人的食材曆》等

千里之行

感謝行政院青輔會推出這麼一個意義非凡的活動，雖然年齡已不符參賽資格，無法共襄盛舉，但身為評審，我與有榮焉。

說實在的，對於時下e世代，年長一輩如我，或多或少總有些不放心，就像上一輩對我這一輩也曾有過各種疑慮一樣。這並不是壞事，因為這代表著關切，也意味著期待。當然，年輕人可沒有漏氣！這次活動不僅參賽踴躍，超乎預期（也累壞了評審），最後贏得青睞而獲選的20組團隊，從本土到國際、從科技到人文、從體驗到服務，他們透過不同路線，實踐不同主題，展現不同價值，帶來的卻是同樣的滿滿感動，果然了不起。

老子《道德經》有言：「千里之行，始於足下。」就算長達千里的遠行，也得從腳下第一步開始。藉由這本圖文集的出版，我們不僅要為這群鐵馬勇者的壯舉喝采，更盼望讀者們也能備好單車，踩上踏板，展開壯遊的第一步。

莊伯仲／中國文化大學新聞系主任

美好的單車召喚

年輕人籌組單車團隊，藉由長程的遠行，更深層地認識自己生長的地方，跟旅人接觸陌生環境往往有異曲同工之妙。他們藉由更大、更寬廣的外在刺激，撞擊既有校園環境的世界觀，明顯地比其他人吸收更多，也更容易成長。

由於更在乎地理變遷和路線方向對騎行起落上下的影響，他們對外在環境的敏感，恐怕也像一張脆弱的環境試紙，隨時反映出自然環境的破壞和人文風物的變遷。

這種敏感可非一朝一夕即能養成，還是得經過長期長程的騎車歷練，方有機會沉澱出生活的二三心得。本書裡的團隊旅行，藉由單車帶著熱情和勇氣，造訪偏遠弱勢族群，不論在本島或離島，似乎都能發現新的情境，進而反思自己的生命意義。

在這個講求速度的科技年代，單車旅行，其實也一直在企圖透過簡單淳樸的生活，進行尋找生活的意義。它不是早年那種孤獨的騎士，僅止於摸索自己的生命奧義，還想積極地跟社會對話，想要透過這樣的壯遊騎乘，跟大家分享美好的信念。

劉克襄／知名自然生態作家

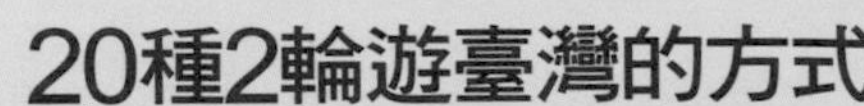

單車壯遊

Ride for Dreams

文化寶藏篇

成長探索篇

綠色環保篇

Chapter 3
做好準備 2輪上路

黃健和》 臺北拜客的單車路
魏華萱》 單車新人生的愛與力量

Chapter 1
踩動踏板 輪轉生活
4位單車拜客分享人生旅趣

在單車活動尚未成為潮流時，
已經有一群人，有男有女；有獨自一人或一家大小；
他們跨上單車，用雙輪踩踏出一段段壯遊世界各地的精彩篇章。
在他們的單車壯遊中，有感動、有危機、有冒險、有困境……，
且看他們如何一一克服？在旅程中獲得哪些啟發及力量？
透過單車拜客們的分享經驗，你將發現，
單車壯遊全世界，似乎真的不太困難。

東明相》單車環島練習曲

陳守忠》悠哉慢行的親子壯遊

單車環島練習曲

東明相的旅行樂章

撰文／**廖威棋** 圖片提供／**東明相**

2007年，單車環島電影《練習曲》感動了許多人，也點燃單車環島熱潮，主角東明相也因此開啟了演藝之路，同時也愛上騎單車。他透過行進間的車輪轉動，過去與未來的意義，隨著人生旅程，逐步成形。

大學即將畢業的東明相，騎上單車，獨自一人展開7天6夜的單車環島旅程。逆時針的環島路線，東岸到西岸的逆風行，一路所遇見的人與景，交織相扣，譜出生命的和弦……。

2007年，單車環島電影《練習曲》，感動了許多人，也點燃了單車環島的熱潮；2011年，仍有不少人因為這部電影，開始了他們人生的第一場壯遊。

《練習曲》裡的小插曲

其實在拍電影《練習曲》之前，東明相並無任何長途騎乘單車的經驗，單車只不過是他的生活中便利的交通工具而已。如今，因電影而在演藝圈嶄露頭角的他，常有人問起他，是否很愛騎單車？為什麼騎單車？其實對他來說，他只是很自然地騎著單車，成為一種習慣。

「還沒接演《練習曲》前，我擔任短片的幕後工作，偶爾兼差擔任模特兒。《練習曲》導演陳懷恩認為，我有種孤獨的氣質。」東明相談起接拍《練習曲》時的緣起。原以為導演只是隨口問起，沒想到幾個禮拜後，導演跟他說，劇本已經寫完了，再次詢問其演出意願。「老實講，我那時很想拒絕，因為毫無演戲經驗，怕拖累別人。至於戲中的單車環島，我反而不擔心，因為從小到大都有騎單車，應該不成問題。」

沒想到，電影真正開拍時，卻是痛苦的開始。演出者必須隨著劇組車的緩急移動，自行變換車速，要是遇到上坡路段，得加快車速趕上劇組車的速度。原本以為接拍單車電影，可以優閒地欣賞風景、悠哉地騎車，沒想到卻與事實有如此大的落差。

《練習曲》的內容屬於「單車環島日誌」，但依劇情、拍攝需求，以及配合其他藝人檔期，可能今天在花蓮，明天在嘉義，後天又拉回臺東。「有時騎到半夜，就在劇組車裡睡覺，還沒睡飽，一早又爬起來騎車，這是比較困難的。」東明相說。

Biker 拜客小檔案

＊東明相 1978年生，藝人與創作藝術，國中就以單車當做代步的交通工具，平常之餘，為了尋找靈感，發現不同的自己，有空檔就騎單車到處去放空，一方面隨時給自己沉澱，把自己歸零，隨時充電，迎接下一個階段。

拜客一句話： 方向決定在你手上，掌握決定於你自己。

《練習曲》上映後，距今約有4年的時間。這當中，全臺依舊有許多車友因為受到這部電影的影響，想要完成人生的夢想，也影響其人生方向。

如今，就算電影落幕已經過了4年，但當年因電影影響而獲得啟發的種子，已長成小樹，隨著實現夢想後不斷地茁壯。有人因為生活沒目標，卻因為電影給他的影響，決定走回以前想做卻沒有完成的夢想；有人因為不想被工作綁住，辭去了工作，而去實現高中時的夢。

有位臺東車友跟他說，《練習曲》改變了他的人生方向。那位車友一直在臺北工作，看過電影後，搬回臺東，開了一家服務單車族的民宿，同時也充當單車景點的導遊。另一位網友是更生人，因有前科找工作很不順利，因為《練習曲》的感召，他借了一輛單車環島，最後找到教人潛水的工作。

・單車對於東明相來說，已經成為生活中的一種習慣。

溫暖人心的玉里行

《練習曲》逆時針的環島路線，從高雄出發，途經臺東、花蓮、宜蘭、基隆、林口、苗栗、彰化……，從東岸到西岸的逆風而行，亦有不少人循著電影場景規劃單車路線，全臺趴趴走。

乘著單車映入眼簾的美景，有許多仍深刻存在東明相的腦海中。目前最難忘的單車經歷，東明相表示，是從臺東到花蓮的玉里公路，那是他參與一部環島紀錄片拍攝所騎乘的路段。本來只負責騎綠島的他，騎完後意猶未盡，再陪著同為熱中單車的魏華萱騎單車。

因為熬夜及感冒影響而體力透支的他，行經玉里公路的蜿蜒上坡山路，力不從心，只好下車用牽的，盤算著等體力恢復後，再踏上鐵馬。途中有車子經過，車主熱情地邀約他搭便車，但他抱持著不到最後絕不認輸的態度，就算再累，也得自己走完全程，而婉拒他人的盛情！

直到玉里隧道前，體力恢復的他開始騎車。在燈光微弱的隧道中騎車相當危險，但有位好心的車主在隧道內跟車，出隧道後開著大燈，配合單車速度跟在後面，讓他感到溫暖。隧道結束後接下坡，15分鐘的自行車滑行，向下飛馳直達花蓮，風在身旁呼嘯而過，「只能用一個『爽』字來形容！」東明相開心地說。

這一天，雖然他較晚抵達目的地，但至少成功征服了它。隔天，卻因體力尚未恢復，就被救護車送去醫院，因此被迫結束這段挑戰自我的單車旅程。

興之所至的壯遊趣

東明相提起當初首次聽到「單車壯遊」，感覺參與者要很衝、很拚、耐力要很好才行，他下意識地認為，職業單車選手才有資格進行「壯遊」。後來年紀稍長，反而有不同的觀點：依自己的情況規劃及安排行程，隨心情選擇目的地，一樣也可以完成目標；有差別的，僅是天數的多寡罷了。

東明相曾在旅途中偶遇一位休假進行21天單車環島行的女生，她只是自由地騎車，看心情決定目的地，大多時候也只是漫遊，因為她抱持著，只要繞臺灣一圈就好了，如此的心態也和他看待「壯遊」的想法相近。從不認為自己是位「單車壯遊者」，東明相選擇慢騎，行進間注意周邊環境的變遷，留意身邊的風景，因為過程才是一種享受。

．臺灣有許多美景，高雄澄清湖便是一例。

騎單車除了是生活習慣，亦是一種人生態度。騎單車，讓人看見最好與最壞的地方，彎曲的路程、高低的坡段，隨著心情起落，就像是生命的過程。懂得騎單車的人，才能體會到這個人生邏輯。

近來除了電影工作外，東明相其他時間就是騎著單車趴趴走，他計畫在臺灣離島如綠島、蘭嶼、澎湖等處進行單車環島。對於想要嘗試單車壯遊者，他建議，不一定非得長征千里才叫「壯遊」，你可以在自己的國度，與當地人聊著熟悉的語言，而且不怕迷路，這也可以是種壯遊。

壯遊，隨時都可以出發，就看你準備好了嗎？敢不敢踏出第一步？隨著一路相伴的單車，在每個人生的駐足點停留，拿起吉他，彈奏出生命的練習曲。＊

以單車進行親子對話

陳守忠 悠哉慢行的親子壯遊

撰文／**翁瑞祐** 攝影／**李俊賢** 圖片提供／**陳守忠**

曾經以單車為交通工具踏騎青藏高原，創下國人首位以單車騎抵聖母峰基地營的中華單車文化協會副理事長陳守忠，帶著全家人進行絲路親子單車壯遊，在為期2個半月、2,100公里的單車旅程中，6歲的女兒學會獨立，體會單車「慢」遊樂趣。

在1998年時，陳守忠計畫以400天進行單車環遊世界，他帶著一臺小型DV，記錄沿途所見所聞，將周遊列國所感受到的熱情傳送回臺。

在2萬多公里的單車影像中，看到他歷經5天神經緊繃的騎程，經過偷竊、搶劫、強盜的事件層出不窮、惡名昭彰的中巴公路印度河谷段；在中國南嶺山區沿著水庫而行，盡情享受沿途秀麗風光……，畫面深刻牽動著觀眾的心，讓更多人體會單車探險旅遊的喜怒哀樂。

寫紀錄 最年輕絲路單車客

10多年後的現在，陳守忠顯然對單車之旅有不同想法。2010年，他帶著6歲的女兒和妻子，在2個半月間完成絲路親子壯遊之旅。他就讀幼稚園的女兒——陳萱，則以6歲年齡，完成長約2,100公里的絲路單車行。透過媒體報導，陳萱成為全球年齡最小騎乘單車遊絲路的第一人。

對陳守忠來說，旅行的目的不在寫紀錄，只為了開拓孩子視野，並做為親子溝通的橋樑。陳守忠說，長途單車旅行是很多人的夢想，但是多數人在小有積蓄，可為自己規劃一趟特別旅程時，多已是成家立業後，但卻因為家累而無法成行，不想等年老後才後悔的他，特別計畫這趟親子壯遊。

談壯遊 打開孩子深度視野

陳守忠談起「壯遊」時提到，「壯遊」，顧名思義就是胸懷壯志的遊歷。他說2007年，《商業周刊》開始討論「壯遊」，其定義包括3個特質：旅遊時間「長」、行程挑戰性「高」、與人文社會互動「深」，特別是經過計畫，以高度意志徹底執行，他相當認同這個定義。他更強調，所謂的「壯遊」不是流浪，是懷抱雄心壯志，有積極的教育意義。

壯遊和探險不太相同，壯遊旅行不僅侷限於深入自然，更重要是人文社會的探查。

Biker 拜客小檔案

＊陳守忠 1962年生，現任中華單車文化協會副理事長，單車資歷超過15年，曾騎過臺灣、中國、越南、法國、荷蘭、比利時等國，里程數仍在持續累積中。個人著作有《2100公里的禮物—我6歲，我騎絲路》。

拜客一句話： 用熱情擁抱大地，用真心欣賞世界，用毅力完成夢想。

正因認同精神，於是，他決定帶著女兒進行一趟絲路親子壯遊。陳守忠認為，單車是很好的交通載具，它的速度不快不慢，可以深入當地，於是選擇騎單車遊絲路。

為什麼選擇絲路？陳守忠說：「自己曾經走過3次，其中2次是以單車進行；此外，絲路是小說《西遊記》的場景，陳萱對《西遊記》深感興趣。」絲路的故事性豐富，對小朋友有吸引力，再加上自然環境不同於臺灣，特別具有教育意義。

自2008年開始，陳守忠就帶著陳萱自助旅行，第一次到海拔約4,000公尺的雲南山區，在這趟旅行中，陳守忠發現陳萱的體力能負荷長途旅行，才興起親子壯遊的念頭。而在行程計畫之初，他除了挑選路線，更得依陳萱的狀況衡量行程長短。

從3歲就開始騎單車的女兒，每天可以騎10公里，因此他每天規劃約20～30公里的路程，以小朋友安全為前提，也備妥拖車，以備不時之需。就這樣，一家三口，7月初從西安出發，經過天水、臨洮、蘭州、武威、酒泉、敦煌、玉門關、哈密等地，最後在吐魯番的「西遊記」雕像前寫下完美句點。

騎單車 漫畫主角深刻啟發

回想起自己的單車旅程，生性好動的陳守忠，從11歲起便跟著爸爸騎機車環島。住在高雄的他，喜歡山，好奇著「山裡面有什麼」，小學三年級就一個人從家裡走到壽山再走回家，來回2個小時。去做什麼？「沒有特別想做的，只是覺得自己有能力走到那裡就很高興。」陳守忠說。

・親子壯遊時，遇到新疆戈壁狂風吹襲的陳守忠與女兒。

．陳守忠騎著單車踏上尼泊爾雪山之旅。

．2010年暑假帶著女兒單車長征絲路，過程也寫成書。

也許是天生血液裡就流著愛冒險的細胞，高中時加入登山社，和同學計畫單車環島。那時，為了鍛鍊體力，他每天從高雄騎單車到岡山上學，20公里的單車距離讓同學覺得不可思議。他說，剛開始騎時，雖然很累，後來意外發現，騎車上學相當省時；而且以前省道車不多，紅綠燈也不多，騎得自在又開心。

當年，因臺灣單車旅遊資訊並不發達，陳守忠所有單車長途旅行的知識都來自日本漫畫《鐵馬頑童》，他看著主角如何規劃旅程、到車行學維修技術以自己換胎……。受到漫畫啟發，陳守忠一行6個人騎上變速單車，拿書包放東西吊掛在單車後面，就這麼展開了3週的環島之旅。

愛冒險 準備充足注重安全

1984年，單車運動好手胡榮華騎著「藍駝」從臺灣出發，單車走天涯，陳守忠極為關注這趟環球之旅。1998年，胡榮華成功歸來，陳守忠開始參加胡榮華的分享講座也獲得啟發，心中構築單車環球夢。他計畫在1992年完成尼泊爾聖母峰基地營單車高山踏騎與登高紀錄；1993年完成踏越世界屋脊——青藏高原，與聖母峰、卓奧友峰、希夏邦馬峰。1998年，陳守忠從臺灣出發，進行「騎向21新世紀」橫跨亞非歐美洲自行車環球2萬公里長征挑戰，騎經20個國家及地區，完成環球一圈的壯舉。

慢遊趣 走出舒適圈的體驗

2010年暑假的親子絲路行，經過西安、甘肅黃土高原、河西走廊和吐魯番，必須克服高溫日曬和戈壁沙丘，過程雖然辛苦，但家人的凝聚力增強，女兒學會分攤工作，也更加的獨立。回想起年輕時的單車環球之旅，當初只是純粹想創造紀錄，無法累積遊歷；但是，帶著孩子長途旅行，行前必須審慎計畫，旅途中，也不能只想著趕行程，多看、多體會，才是最終目的。

對於想進行單車壯遊者，陳守忠建議，先弄清楚旅行的目的，絕對不是挑戰他人，而是追求自我。透過單車之旅踏出生活舒適圈，培養適應力和決策力，訓練自己在生活上、工作上的能力，這才是單車壯遊的真正收穫！＊

「臺北拜客」主演的公路電影

黃健和 單車人生的意外邂逅

撰文／**游惠玲** 攝影／**李俊賢** 圖片提供／**黃健和**

環島的理由千百種，「臺北拜客」黃健和認為，不管理由是什麼，應該都要有主張、獨具創意，「就算環島去吃全臺10家肉圓，也很有趣！」每年都會計畫一次長程單車之旅的他說：「環島其實只需要跟自己說：上路就對了。」

騎單車環島的理由有哪些？大學的最後一年，是人生重要的里程碑，踏入社會之前，總要為青春寫下「無憾」！期望做一件老了後可以跟旁人說的故事，因此，黃健和選擇以不同的速度與角度，重新看見臺灣，又可以運動健身。而這就像電影《練習曲》裡曾說過的：「有些事情現在不做，一輩子都不會做了。」

不需要理由 上路就對了

「青年」2個字，再加上「單車環島」這件事，在黃健和眼中充滿了趣味。他認為，每個人都能夠找到自己的環島方式，這就像大學必修學分一樣，經歷過了，就知道自己適不適合、喜不喜歡。「在大學時就做完這件事情，會比較有『底氣』（基本的信心與力量），不僅心中無憾，也知道未來的路該怎麼走。」

在黃健和眼中，騎車的本身很重要，但是，享受整個過程更重要，因此，他鼓勵「慢騎」。

一個人的旅程，一天騎乘5、6個小時就好，不要趕路，才有餘裕享受旅程上的吃喝玩樂。騎單車可以很辛苦、可以測試自我體力極限，也可以征服旅程中的狂風豪雨、陡坡，但千萬不要是「九死一生」，「不需要每次都拿生命開玩笑。」黃健和笑說，危險是單車壯遊會碰上的必要之惡，如何趨吉避凶，則是每個單車客必須學習的。

年輕時的黃健和，首次騎單車上蘇花公路，他與其他人一樣，在確認後方沒有來車後，才敢騎進隧道。進入隧道後，挑戰才正要開始。後頭有車子來了，騎士得飛快前行，側身閃入隧道內的小凹槽，感受大卡車擦身而過所帶來的疾風之後，才敢再小心翼翼地繼續向前行，尋找下一個藏身所在。

單車行旅伴 閱讀添樂趣

騎車經驗豐富的黃健和，找出騎單車過隧道的方法：先在隧道口攔下小轎車，禮貌地請對方在你的後頭壓車護送。黃健和說，一般人對於單車騎士都相當友善，尤其單車

＊黃健和 1962年生，現任大辣出版社總編輯，筆名「臺北拜客」，單車資歷超過15年，曾騎過臺灣、中國、越南、法國、荷蘭、比利時等國，里程數仍在持續累積中。

拜客一句話： 上路自有風景，記憶終成永恆。

・騎單車對於黃健和來說，是種人生的享受。

環島是值得鼓勵的壯舉，多數人都樂意協助。

騎單車上路時，黃健和一定隨身攜帶的旅伴，就是書本。至於帶什麼書上路最好？他笑說，過於艱澀的書籍平時可能看不下去，但卻最適合騎車時閱讀；另外，讀詩也很棒，中文或英文詩都好，像《唐詩三百首》裡的五言絕句與律詩，以精簡的話語闡述深厚的意境，最容易在旅程中引起共鳴。

不同的旅行地點，也有不同主題的書籍適合攜帶。像是遊雲南麗江，可讀《徐霞客遊記》，看徐霞客如何在四百多年前就遍遊大江南北；騎臺南，怎能不帶著王浩一的《漫食府城》？走臺北貓空，黃健和帶的是《戀戀臺北行道樹》，他在自著的《單車放浪》書中寫著：「為了擺脫『植物盲』的惡名，也為了讓騎車多一些細節，藉由這本書便可叫出一些樹木的名稱。」

騎單車休息時，只要遇上長一點的休息時間，他就會拿出書本來閱讀，讓自己情緒上有所轉換。早上騎個40～50公里後，黃健和趁著中午規劃一段較長的休息時間，找一處樹蔭乘涼小睡，醒來後再讀點書，再準備出發。

意外的旅程 最美的邂逅

然而，騎單車時一定會有意外發生，有時是和旅伴吵架了，有時卻能意外的與美麗的那一個她相遇。

黃健和回憶著，他曾經在路上遇見踽踽獨行的單車客，問他為什麼單獨騎車？對方回答得乾脆：「旅程的第2天就分手了！」原本2個大男生計畫相約旅行，無奈步調與節奏不同，一個想要慢慢騎，欣賞沿途好風光；另一個卻想趕緊抵達那個叫做目的地之處，最後2個人選擇分道揚鑣，各騎各的路。

黃健和首次和友人到法國的庇里牛斯山騎車，來到了名為「聖讓德呂茲」（Saint-Jean-de-Luz）的小鎮，那是9月中旬、已過旅遊旺季高峰的時節，於是沒有事先訂房，無奈尋遍整座城鎮，竟然找不到一個床位。他們轉往火車站，想在車站裡打地舖。才到車站，一位面容姣好、就像是從雜誌上跳出來的女郎迎面而來。仔細一瞧，原來是這兒的女站長。「啊！當時真想問，晚上可不可以住她家！」那句心底的話始終沒說出口，女站長遙指路的那一端說：「火車站不能住的，你們再騎個15公里，那兒有旅館。」

故事就此打住，沒有讓人驚豔的後續，但是那位迷人的女站長確實是此趟旅程中美麗的意外。事件過去的多年後，他為豔遇事件下了個注解：「騎車的人要有自知之明，一身臭汗味，誰會想跟你豔遇！」

魔幻心時刻 旅程好享受

騎上車，眼前不停的流動畫面，對騎士來說，就像是一幕幕的電影畫面，有些鏡頭隨著心境產生不同的化學變化。黃健和以「魔幻時刻」來形容這些難忘的畫面。

在法國普羅旺斯鄉間獨自騎車時，他突然覺得身上似乎少了個東西，果然，手機掉了。那支手機是他跟臺灣唯一的聯繫。當時，有個待解的人生難題正等著他，斷了聯繫就代表結束這一切！他瞬間返回那個曾經小憩的地方，在那一刻，陽光從後頭照著，路上風景瞬間凝結，普羅旺斯的紅土背景成為畫面主色調，如明信片般的景致烙印在腦海中。

・黃健和每年都計畫一趟長程單車遊。

人生轉彎處 驚見好風景

現在，他喜歡有點荒涼、帶點安靜的路，他鼓勵年輕人：「你不能老騎臺1線或臺3線呀！有縣道何必走省道？」每條公路都有各自的風景，轉個彎，才能發現全新的風景。騎車，是種享受，那樣的享受不是貪圖舒適，而是一種發現，對於人生的再發現。

每個人都是自己那齣公路電影的主角，都會找到自己最好的一段單車公路。總之，出發了再說！而出發之後，才會有更多的故事可以向他人娓娓道來。＊

旅程中的愛與力量

魏華萱的單車新人生

撰文／**廖威棋** 圖片提供／**魏華萱**

離開主播台，告別螢幕上光鮮亮麗的生活，投入了熱愛的單車運動，魏華萱說：「壯遊，還想什麼？就出發吧！」每一站，都是新的開始，每一次出發，都為人生翻開新頁，她會一直騎下去！

許多事是在騎單車之後才發現的。2008年與單車結緣，一路騎到2011年，離開主播台的魏華萱，投入了熱愛的單車運動，曬太陽、騎腳踏車、挑戰險峻路段、大雨傾盆依舊上路，一般女生避之唯恐不及的事，魏華萱通通來。

在單車界有「正妹車手」第一把交椅之稱的魏華萱，談到壯遊眼睛就發亮！尤其是面對騎乘挑戰，她說那種感覺就像坐雲霄飛車，心裡有點膽怯，但征服後所帶來的成就感，無法用言語形容。而這就如同她之前所從事的新聞工作，瞬息萬變，充滿挑戰。

欣賞眼前快轉景致

2008年4月，魏華萱離開了年代主播的工作，那時正是單車熱潮正夯時。「之前很少騎車，我只在健身房踩飛輪。有次前同事找我去騎單車，沿著河濱騎到大稻埕，再到八里的十三行博物館，20多公里路程，騎著7段變速小摺單車，雖然全身疲累，但卻有一種暢快運動的感覺。」那一次後，她發現，臺北的河岸如此美麗，過去在機車或汽車上所看到的都是快格的畫面，而騎乘單車所欣賞的卻是慢格的景色，心境也不同。她熱中騎單車，喜歡「揪團」找人騎不同路線。

騎乘次數逐漸頻繁，有人建議她應該換專業型的單車，她決定換成彎把公路車，嘗試職業車手騎乘的路段。臺北中央社區長達4公里的爬坡，是魏華萱換專業單車後的第一個挑戰。在雙溪國小時，因體力無法負荷，開始嘔吐，她堅決不放棄，撐至終點後，又吐了一次。辛苦並沒有讓她打退堂鼓，反而讓她更加喜歡單車運動。

2009年，她參與了人生首度的單車賽。3月初春，55公里的路程中，還有不少爬坡路段，距第一次河濱騎乘的經驗不到半年，她卻以新人之姿，排名第23名；5月的巴拉卡公路賽，她勇奪第6名，跌破眾人眼鏡。參與過大大小小的競賽，她將過程記錄於部落格中，獲得許多車友及粉絲支持，單車活動代言工作也找上門來，她成為職業單車代言人中唯一的非職業選手。

＊魏華萱 1980年生，現任公視旅遊節目主持人，筆名「魏小猴」，單車資歷3年多，曾征服武嶺、陽明山、塔塔加等高山，無論騎單車比賽或旅行，都是環保與樂活的生活實踐。

拜客一句話： 還等什麼，就出發吧！

從過去的新聞主播變成單車拜客，是她從未想過的人生轉捩點。

環島比想像中困難

2010年10月22日到11月7日，魏華萱接受企業贊助，進行17天的環島公益行，總里程數1,156公里，每騎一公里，企業便捐出100元給荒野保護協會。這是她第一次的單車環島，她在部落格上公布了環島行程，召集了近千名車友陪騎。「環島」這詞聽多了似乎很平常，但實際騎乘卻有相當難度，尤其對女生來說，挑戰更深。

首日騎了195公里，迎接她的不是風和日麗，而是颱風警報。因行程已排定好無法取消，出發時大雨滂沱，她只能硬著頭皮上路，從臺北騎到新竹，身上無一處是乾的。隔日，從新竹到臺中，颱風遠離，烈日當空，她仍舊咬牙苦騎；第3天到第5天，臺中到嘉義、嘉義至高雄，里程數天天破百，對她來說，體力逐漸負荷不了。

第2天有中暑跡象時，隨行醫護人員發現她不對勁，要送她到醫院治療，她回絕了，「我一路上就是哭，一想到上車後，無法累積里程數，但是為了募款，我只能一直騎下去。」不到目的地，她絕不輕言放棄。

應援團的加油打氣

除了陪騎的車友外，途中亦有不少「應援團」為她加油打氣。

「不老騎士」是一群80歲以上的長者所組成的摩托車隊，曾騎摩托車環島。老人們騎車到她身旁，要她堅持下去，讓她充滿勇氣。「跟這些長者聊天，感觸好多。他們提到，上了年紀後，感覺自己一無是處，人生

·與好友同行的南投單車2日遊。

．喜歡參與各項單車賽事的魏華萱（前排左），獲獎戰績可觀。

即將畫上句點；但自從騎機車環島後，卻重新感受到青春活力。」成員中最高齡者為92歲。臺中到鹿港路段，有「不老騎士」車隊及車友約百人陪騎，儘管前方路程再累、再苦，心中卻充滿了向前的動力。

另一支陪騎隊伍，是由6個來自「信望愛學園」孩子組成的「飛行少年」，他們騎著獨輪車，以獨輪完成1,100多公里的環島壯遊。成員中有2個受觀護的小朋友，另外4個則來自問題家庭。他們分享著，壯遊過程中學到的堅韌與自信，「有個小朋友常被暴力對待，印象中從沒被稱讚過，但是完成環島行後，牧師對他說他成功了，讓他感受到受人重視；而另一個孩子因為脾氣不好，控制力差，但行程中遇到的困難與挫折，讓他學會對困境的處理與忍耐，克制衝動，學會尊重別人，並與人互動。」

一路上，魏華萱感受到滿滿的愛，素昧平生的陪騎夥伴們無私的分享與關懷，成為支撐她往下騎的力量。壯遊不只是挑戰，也蘊含著愛的元素，愛自己，也愛別人，讓她在環島過程裡留下深刻的印記。

跨上單車感悟人生

除了臺灣，魏華萱的海外騎乘經驗也相當豐富。她喜歡日本的九州宮崎及沖繩，風光明媚，很像臺灣花東地區。「日本人對單車族格外友善，沿途的汽車駕駛不亂按喇叭，看到單車旅人在路上也不會逼近。再加上，日本的公路很平坦，路牌指標清楚，並且有完善的單車道，值得我們仿傚。」

2012年，她計畫前往中國，挑戰武夷山、中越邊境，以單車行腳大陸。提起更遠的未來，她想去法國騎腳踏車，希望能夠參加環法賽，23天內征服2,000多公里路，將歐洲美景記錄下來，與車友分享。

單車路線選擇眾多，騎單車除了對身體健康，更可在行程中觀察身邊的人事物，並可體驗在地文化。魏華萱建議想長途騎乘單車者，先進行為期一個月的體能訓練，一周騎至少3次約60公里以上的路程，以騎一天休一天的方式，訓練肌耐力與心肺功能，才不會感到吃力。

「壯遊，還想什麼？就出發吧！」行前做好準備，行程中珍惜風景，之後感悟人生，這是魏華萱分享的單車心得。＊

人文關懷篇》

透過對風土人情的觀察與關懷，
體會臺灣在地的生命力。

文化寶藏篇》

走訪臺灣歷史及文化古蹟，
了解歲月在全臺各地留下的深刻印記。

Chapter 2

有夢最美 單騎逐夢

20個青年單車壯遊故事

回想一下，在20來歲時，你正在做什麼？
以下20個單車壯遊故事，由20組年輕人所合力轉動的青春記憶。
他們的創意與創造力，不僅出乎意料，
每一組路線，或有趣、或溫馨、或冒險、或怪異，特色各異，卻都很有態度，
這就是單車壯遊的精神。
他們以不同的角度、相同的環保精神，去珍愛我們的地球與環境。
透過親身接觸，挖掘出生命的深度與厚度，
再將這些獲得內化成動力與勇氣，朝未知的人生大步前行。

成長探索篇》
透過與隊友、親人、陌生人的對話，
探索社會及生活的現實面，
再轉化成自我生命的養分與體會。

綠色環保篇》
將深具環保意義的單車活動，發揮極致，
透過與土地、萬物的互動及接觸，
呼籲珍愛地球及環保節能的綠色概念。

五味屋 讓幸福不停轉動

給孩子五顏六色的人生時光

撰文／**游惠玲** 攝影／**李俊賢** 圖片提供／**五顏六社車隊**

團隊名稱：

五顏六社

計畫名稱：

越界踏逐．轉動幸福

團隊介紹：

「五顏六社」車隊是由14位大朋友與13位小朋友共同組成，主要成員包括鄭揮騰、廖國評、林高帆、許靜宜，他們是來自花蓮縣壽豐鄉「五味屋」的志工。這14位大朋友們和孩子們一起實現單車環島夢，從行前的訓練到行程中各小組的分工合作，就像他們的計畫主題「越界踏逐．轉動幸福」，花了11天的時間，陪孩子跨出第一步，幸福就像是轉動的輪圈，不停地向前滾動。

花蓮 2010/08/14
豐田五味屋→東里派出所

花蓮 2010/08/15
東里派出所→臺東市區

臺東 2010/08/16
臺東市區→大武分局

屏東 2010/08/17
大武分局→枋寮鄉人和村

屏東 2010/08/18
枋寮→泰武國中

臺南 2010/08/19
泰武國中→臺南市區

2010/8/22
板橋 臺北新店
2010/8/23
臺北新店 羅東夜市
2010/8/21
雲林北港 彰化員林火車站
搭火車
2010/8/24
羅東朝天宮 羅東火車站
搭火車，羅東一花蓮
2010/8/20
臺南市區 雲林北港朝天宮
2010/8/25
花蓮火車站 豐田五味屋
2010/8/19
泰武國中 臺南市區
2010/8/15
東里派出所 臺東市區
2010/8/18
枋寮 泰武國中
2010/8/17
大武分局 枋寮鄉人和村
2010/8/16
臺東市區 大武分局
彰化 2010/08/21
雲林北港→彰化員林火車站
花蓮 2010/08/24
羅東朝天宮→羅東火車站→
花蓮火車站→豐田五味屋
雲林 2010/8/20
臺南市區→雲林北港朝天宮
員林 2010/8/21
雲林北港→員林火車站
臺北 2010/08/22
大稻埕→北美館→101
大樓
宜蘭 2010/08/23
臺北新店→羅東夜市

五味屋的孩子最小的只有國小三年級，最大的才國三，共同完成11天的環島。

在2010年11月的某個週六上午，陽光暖烘烘，幾個國小孩子和大哥哥、大姊姊踩著單車，穿越花蓮壽豐鄉豐山村的小徑，一路騎往東華大學，他們要去採洛神花。這段約莫40分鐘的路程並不算短，但有鄉間恬靜的風光與笑聲為伴，輕鬆又開心。

這群人是「五味屋」的孩子和志工，8月份，他們才剛完成11天的環島之行，別驚訝，其中最小的孩子只有國小三年級，而最大的孩子才不過國三而已。

囝仔的店　帶著孩子去環島

故事要從「五味屋」開始說起。五味屋是一幢位在花蓮縣壽豐鄉豐田火車站前的老房子，古老的日式風鼓斗建築，就像是戴著一頂超大斗笠的房子，裡頭卻滿滿裝載著鄉村孩子們的單車環島夢。

約莫在3年前，在當地「牛犁社區交流協會」人員的努力之下，這個原本屬於鐵路局的閒置空間，終於有機會改頭換面，搖身變為二手公益商店，由社區裡的孩子和青少年一起當頭家，讓孩子們擁有一個共同活動的「所在」，它成為一間「囝仔們的店」。漸漸地，關注五味屋的社會力量愈來愈多，許多環島的單車客也會騎著自行車前來，一塊兒來關心孩子們的成長歷程。

有天，有個孩子坐在老建築前，遇見一位騎著漂亮單車的翩翩騎士，他身穿車衣、車褲，頭戴酷炫車帽前來，此時，孩子的心裡開始有了不同的想法：騎自行車能夠看見的世界，究竟是什麼模樣？憑藉著自己的力量環島，這是有可能成真的夢想嗎？

「好呀！那我們就一起去環島吧。」孩子的想法被五味屋的志工們聽見了，於是，大家便著手投入單車環島計畫，要帶孩子追逐人生的第一個夢想。這絕對不是一個簡單任務，10多位年齡20幾歲的志工們，從來都沒有環島的經驗，他們卻帶領著13位國小、

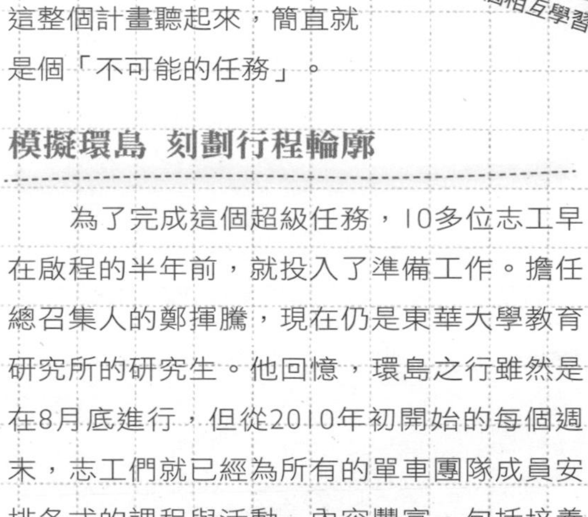

．不論是對孩子或是大人來說，整個旅程都是一個相互學習的歷程。

國中生環島，
這整個計畫聽起來，簡直就
是個「不可能的任務」。

模擬環島 刻劃行程輪廓

為了完成這個超級任務，10多位志工早在啟程的半年前，就投入了準備工作。擔任總召集人的鄭揮騰，現在仍是東華大學教育研究所的研究生。他回憶，環島之行雖然是在8月底進行，但從2010年初開始的每個週末，志工們就已經為所有的單車團隊成員安排各式的課程與活動，內容豐富，包括培養團隊感與默契規則、學習單車的知識技能，並邀請單車好手來五味屋分享自身環島經驗，一步步地刻劃出單車環島輪廓。

然而，想要完成環島壯舉，體力能否負荷自然也是關鍵要素。為此，單車隊國小組的孩子們會特別在不必上課的週三下午，一起進行單車體能訓練，每週由一位單車隊成員輪流擔任隊長，負責規劃騎乘路線及注意事項。此外，每週六、日的下午，也會固定安排在社區裡的田邊小路進行跑步訓練，以儲備環島戰力。

為了模擬環島之行，團隊特別舉辦了幾次鄉間小旅行，大夥兒一塊騎自行車去東華大學、鳳林、花蓮溪出海口、鯉魚潭、米棧古道、光復193縣道等地。他們的小小世界，以五味屋為基地，藉由踩踏單車，慢慢地往外擴散了。那些地圖上原本陌生的名詞，漸漸轉為熟悉，成為心中難忘的地名。

孩子們更在環島的心願中寫下：騎單車可以給別人溫暖的微笑、到貧苦的地方幫助他們、給沒信心的人一個鼓勵、希望可以給需要的人擁抱……。一個個小小的、溫暖的心願，在他們的心中發芽，即將實現。

堅持最後 挑戰人生狀況

終於要出發了，行程就從花蓮的五味屋開始往南行，然而，即便行前準備的再周詳，旅程中總還是有意外狀況發生，不論是對孩子或是大人來說，整個旅程都是一個相互學習的歷程。

首先，這麼多人一起上路，大家該如何依序前行，就是個超級大挑戰。負責後勤補給的廖千惠提到，一開始，大家依行進速度的快慢分成數個小隊，速度快的孩子騎在前頭。但這個方式試行了幾天之後，又覺得應該要讓孩子學習「等待」，腳程快的孩子應該等候一下隊伍裡的慢行者，稍微慢下來才有餘裕欣賞周遭的風光。

而隊伍裡的大孩子們，確實也懂得照顧其中年紀較小的孩子，像是就讀國二的耀寬，便常常在路上等候準備要升小四的妤暄。志工趙康衡回憶，人高馬大的耀寬在旅程中，他努力克制往前爆衝的欲望，照顧體力較為不好的孩子，他貼心的舉動讓大家印象深刻。

雖然一路上都有後勤部隊的補給車跟著，部分路段也以搭乘火車代替騎乘自行車，但對於年紀尚輕的孩子來說，要獨力完

·「五味屋」裝載著鄉村孩子們的單車環島夢想。

成環島行動，還是需要意志力的配合。一路上，旅途的疲累讓孩子一個接一個生病，但即便如此，不到最後一刻，卻沒有人輕言放棄，堅持騎完全程。

從臺東進入南迴公路的前一晚，鴻志就因為感冒而感到不舒服。隔天，他強忍著身體的不適，咬著牙一路努力騎上壽卡，那一刻，孩子的眼淚奪眶而出，那是意志力戰勝一切的表現。之後，孩子因為感冒嚴重，還是先被送回壽豐家中休養，雖然沒有完成環島之行，卻已經自我挑戰成功。

短短行程　猶如人生縮影

一路上小狀況不斷，在東部成長的孩子們，進入了西部高樓林立、車水馬龍的道路之後，顯得有些侷促不安，再加上旅途的疲憊，讓大夥兒騎得戰戰兢兢。

那天，孩子們騎在高雄的市區道路上，突然間，「碰！」的一聲，把所有人給嚇壞了。原來是有個孩子突然恍神，一不小心連人帶車撞上小貨車的後車廂裡，所幸傷勢並不嚴重，趕緊送醫包紮，志工們才稍微鬆了一口氣。

行程到了第5、6天，雖然路途才進行到一半，大家的體力卻已經到達了臨界點，感冒的人愈來愈多，「看醫生」成了每天的重點行程之一。鄭揮騰說，大家一路輪流生病，從屏東泰武騎往臺南時，已經ㄍㄧㄥ到最高點。那天按照Google地圖的指示，原本預計僅85公里左右的路程，卻足足多走了30公里才抵達目的地，那條漫漫長路像是沒有終點，消磨大家的意志。

・團隊舉辦幾次鄉間小旅行，模擬環島之旅。

身為執行長的鄭揮騰，曾有一度以為，整個單車壯遊行程可能就要提早結束了。他是不是該改變原訂的計畫，選擇在臺南多留一天，不要忙著趕路？經整個團隊在討論過後，覺得身心狀況都還能夠調適，於是決定依計畫前進。

人生沒有全然的順遂，事情也不可能依照原訂計畫進行。當遇見問題時，大家一起

討論，有困難時，就試著一起解決並克服，短短11天的環島行程就是人生縮影。

周遊臺灣 拓展孩子視界

行程的第2天，大家造訪了位於臺東市的「大橋部落」，體會原味的部落生活。

為了進行公益之旅，大夥兒特地「多帶一公斤」去環島，將文具用品及DM等紀念品致贈給部落孩子，而對方也熱情回應著。大橋的孩子們製作了隊旗，熱烈地歡迎五味屋大小朋友的造訪；另外，由當地青少年所組成的「停不了車隊」，成員們更是情意相挺，陪著大家一起騎了一段臺東路程。

・執行長鄭揮騰。

曾經，大橋部落的孩子們有著和壽豐村孩子一樣的問題，部落與鄉村多是單親或是隔代教養的家庭，孩子在學校與家庭裡得不到支持的力量，轉而沉迷網咖。幸而有「伊甸基金會」與臺東縣的「原住民族全人發展關懷協會」的幫忙，利用部落裡的教會空間，讓孩子在課後能夠得到陪伴。而「停不了車隊」的15位青少年勇士，也在2010年10月完成了環島的夢想，對部落的孩子們來說，是相當大的鼓舞。

・原屬於鐵路局的閒置空間搖身變為二手公益商店，成為孩子們共同成長的好所在。

回想起第5天住在屏東泰武部落的那一夜，五味屋的大小朋友們臉上滿是笑容。夜裡，部落居民邀請大家一塊兒烤肉、聊天，吹著晚風、看著星空，炭火暖暖的，原住民部落的晚餐滋味格外不同。

那晚大家一起睡在活動中心裡，也特別

分成好幾組，到不同住戶家裡去洗澡，對孩子來說，這是體驗部落生活最新鮮的方式。

走過南迴公路與西部之後，行程即將進入尾聲。第9天，平時較少到臺北遊玩的孩子們，這次在研揚基金會的叔叔、阿姨帶領下，過了一天的都會生活。大夥兒先騎車到老臺北大稻埕，再一起到美術館看展覽，隨後到臺北參觀城市地標101大樓。那天，有些孩子頭一次搭捷運，眼裡盡是新奇與興奮；也有孩子的家人在臺北，那天特地和孩子們共進晚餐，讓他們度過難忘的一天。

第10天，一行人從臺北新店的碧潭經北宜公路進入宜蘭，公路上那段連續約12公里的下坡路，直到現在，五味屋的小騎士們都還有種像是搭乘雲霄飛車般的刺激感受。下坡時，瞬間加速的飛行感令人血脈賁張，在當時確實是心跳100；不過現在已經騎完環島行程，最困難的旅程都已經完成了，現在回想起來，孩子們只輕鬆地笑著說：「沒什麼，沒什麼。」

隔天，大家從羅東搭火車回到花蓮的五味屋。在車站前的小街上，已經擠滿了守候單車小騎士歸來的學校老師與家長。街上掛起了象徵終點線的綵帶，當每位小朋友通過這條線時，臉上都掛著喜悅的笑容。頭一次，這10多位小騎士成為全村人的焦點，而在經過這一次環島行程的洗禮，他們對自己也更有自信了。＊

環島之行結束後，每個孩子都成了換胎高手，這小小的技能也延續到日常生活中，現在的五味屋裡有個「單車小組」，就是專門負責單車的維修工作。孩子們被賦予了不同的任務，也變得更有責任感。這次的行程中，像是團隊中原本個性較為害羞、內向的孩子，在環島活動後，變得更加積極主動，懂得爭取上臺說話的機會，發現自己原來也有照顧別人的能力。

每個孩子都是與眾不同的，旅程中也更有機會看出他們的個性。這趟行程最大的收穫，就是更加認識了這群孩子，陪著他們慢慢騎、慢慢看，令我相當感動。

超擊掌門人開啟冷漠之門

以擊掌為鑰 打開溫暖的心

撰文／**鄭雅綺** 攝影／**林志騏** 圖片提供／**超擊掌門人車隊**

團隊名稱：

超擊掌門人

計畫名稱：

Give me a hand，和臺灣擊掌！

團隊介紹：

超擊掌門人成員：洪立、楊傑凱、簡勤佑、戴瑋辰、陳人平、李孟修、張宗浩、張竣貿共8人，均是臺灣大學資訊管理學系三年級的同班同學。他們從臺北出發，共花費13天時間，以順時鐘方向環島一周。為了讓單車環島更具意義，同時也希望縮短距離，他們以「擊掌」做為鑰匙，開啟人際間的冷漠之門。在13天的旅程中，嘗試和不同行業的人擊掌、交流，從這些草地狀元口中，認識另一面的臺灣，也了解各行各業所面臨的難題與困境，帶給他們不同以往的旅行經驗。

臺北市 2010/08/29
臺北市公館→新北市金山區

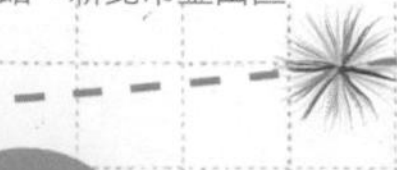

新北市 2010/08/30
新北市金山區→宜蘭礁溪

宜蘭 2010/08/31
宜蘭礁溪→宜蘭羅東（改搭火車）→花蓮新城

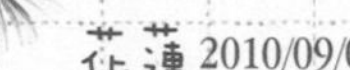

花蓮 2010/09/01
花蓮新城→花蓮壽豐（東華大學）

花蓮 2010/09/02
花蓮壽豐→花蓮玉里

花蓮 2010/09/03
花蓮玉里→臺東知本

總里程數 1087.5 km

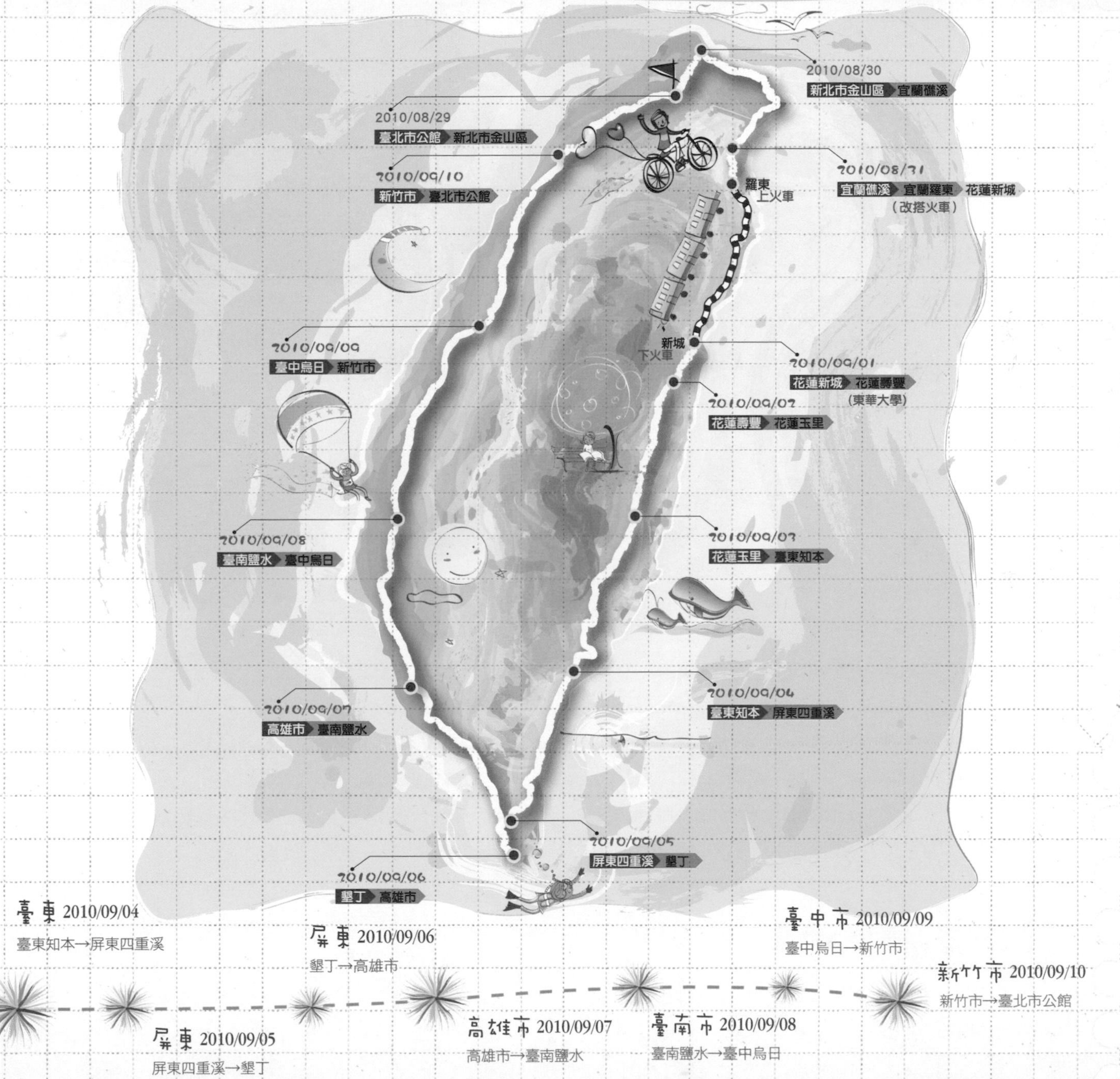
2010/08/29
臺北市公館 新北市金山區
2010/08/30
新北市金山區 宜蘭礁溪
2010/08/31
宜蘭礁溪 宜蘭羅東 花蓮新城
（改搭火車）
羅東
上火車
新城
下火車
2010/09/01
花蓮新城 花蓮壽豐
(東華大學)
2010/09/02
花蓮壽豐 花蓮玉里
2010/09/03
花蓮玉里 臺東知本
2010/09/04
臺東知本 屏東四重溪
2010/09/05
屏東四重溪 墾丁
2010/09/06
墾丁 高雄市
2010/09/07
高雄市 臺南鹽水
2010/09/08
臺南鹽水 臺中烏日
2010/09/09
臺中烏日 新竹市
2010/09/10
新竹市 臺北市公館
臺東 2010/09/04
臺東知本→屏東四重溪
屏東 2010/09/05
屏東四重溪→墾丁
屏東 2010/09/06
墾丁→高雄市
高雄市 2010/09/07
高雄市→臺南鹽水
臺南市 2010/09/08
臺南鹽水→臺中烏日
臺中市 2010/09/09
臺中烏日→新竹市
新竹市 2010/09/10
新竹市→臺北市公館

冷漠，難道是社會進步的必經之路？921地震後，許多人自掏腰包，將一箱箱的物資運往災區；八八水災時，許多人踩在泥濘道路上，幫無家可歸的人重建家園。其實，信任一直都在。「Give me a hand，和臺灣擊掌」，8個大男孩，憑著一股熱血，決定把過往失去的信任找回來，計畫了此趟單車環島之旅。

原本單純的一趟旅程，因為青輔會「青年單車壯遊臺灣」計畫，讓他們開始思考並賦予這趟旅程的特別意義。感受到社會越來越冷漠，人們越來越不關心公眾事務，也越來越封閉自己，可能從來沒有和鄰居說過話，而天天在街角遇見的人，卻始終是個陌生人。所以，他們決定用擊掌的方式，將人性的單純、簡單的熱情找回來，期待藉由擊掌，打破人際藩籬。

．超擊掌門人車隊成員用擊掌方式，打破人與人間的藩籬（圖為隊長洪立）。

傳心意 透過擊掌傳遞

從決定挑戰這個計畫之後，整個團隊便開始分工合作，也不斷尋求各種資源協助。在這些過程裡，他們學到了許多學校沒教的事，從計畫的創意發想、如何透過簡報讓評審認同、團隊之間意見的磨合，以及如何爭取贊助……，這些都是他們靠自己慢慢摸索、完成的。

隊長洪立更特別情商好友林品宏為這次計畫設計了logo，在單車龍頭的位置上掛著此行的標語「Give me a hand」，和臺灣擊掌！希望每個看見他們的人都能主動上前來和他們擊掌，透過掌心的傳遞，人們的互動

‧透過擊掌讓車隊成員們感受到臺灣社會濃厚的人情味。

可以更緊密、更頻繁。

走出校園，他們見到的不僅是藍天白雲、青山綠水，還有本來以為已漸漸淡去的臺灣人情味。行經東部縱谷或西部平原時，在雙輪的驅動下，自然美景盡收眼底。烈日下、大雨中，他們不斷地踩著腳下的雙輪，四周經過的人毫不吝惜地給予他們掌聲與歡呼，一聲「加油！」讓他們疲憊的身軀再度振奮起來，支撐著他們前往下個目的地。對他們來說，體力是一大挑戰，來自民眾的熱情則是他們的動力。

計畫中的主軸——擊掌，該怎麼進行？洪立坦言，起初大家有些彆扭，不知該如何開口邀請民眾擊掌合影。本來說好公關組、攝影組的責任分配，在此時也全亂了套。不過，最後還是順利完成一個個擊掌紀錄，不必特別指定人選，自然就有隊員負責完成，而其他隊員也都沒閒著，錄影、拍照、閒聊、問路、找民宿等工作也同時進行。

求妥協 政策與生活間

超擊掌門人8位隊員都尚未步出校園，在計畫前，他們大部分時間都待在學校，在知識的殿堂裡，接受許多專業知識的薰陶。然而，校園之外的大小事，若不是親自走過一遭，又怎能有深刻的體會？當他們親眼看到、親手摸到、親耳聽到，他們所能思考的層面又更深入一層。

車隊來到花蓮玉里時，他們在路上看見了一位農婦正在田裡忙著，對於農務一竅不通的他們，忍不住想藉由擊掌活動來多了解農家生活。樸實的農婦很快地和他們聊了起來，慢慢解釋著在全球不景氣中，原物料缺乏的影響，連肥料的價格都往上翻了幾倍。話語中，農婦說明自己的農作物也隨著現實狀況而改變。

臺灣加入WTO後，必須解除對白米的進口限制，農民深受衝擊，但一般民眾只能從報章雜誌上見到評論，難以實際感受差異。因此，農婦只好改變耕作物，卻又無法完全放棄耕耘多年的稻田，只得另闢一個區域專門種植菸草，以維持生計。

在知本，超擊掌門人團隊在溫泉區和一位賣豆花和碗粿的大哥擊掌。和大哥的談話中，他們意外地了解到知本溫泉的興衰史，

・來自民眾的熱情回應，是支持車隊成員們疲憊身軀再度振奮的最大動力。

也聽到民眾的無奈。這位大哥是個在地的臺東人，自從天災接二連三發生後，知本的生意每下愈況，遊客越來越少；如今，大多數的遊客都來自中國，大哥的生意及生活也好過了些。無論是加入WTO還是開放中國遊客來臺，若不是真正走訪臺灣各角落，這群年輕人大概不會知道推行後的政策對於民眾產生哪些實際效益或衝擊。他們或許曾經在媒體的炒作中聽到政策的優缺點評估，直到這次旅程，才真正聽見民眾的心聲。

要珍惜 手心中的幸福

從沒有下過田的隊員們，在臺南望著遼闊的農田，驚嘆田園之美時，一對夫妻正在田裡施灑肥料。眾人禁不住好奇，跑到田裡詢問，也認真的從這對夫妻口中上了寶貴的一課。

農夫身上揹著灑肥料的機器，手上的長管就是噴灑器，為了避免液態或是細沙狀的肥料會附在稻穗上、導致稻子相互沾黏而長不好，而且肥料也容易隨風飄散、污染空氣，因此，他們使用的肥料是一顆顆、約小指頭指節般的大小。肥料器一次裝滿是40公斤，這對夫妻帶著斗笠、穿著雨鞋，背上有這沉重的負擔還在田裡走了好幾個小時。見到長得像稻子的雜草，還要能分辨得出來，再彎下身去將它們一根根拔除。沒多久，天空突然下了陣大雨，讓他們中斷了工作。看著他們載來的肥料，再看看瞬間暗下的天空，靠天吃飯的農家們，只能等待放晴的時刻，才能繼續未完的工作。

沒想到，從小吃到大的主食——米飯，竟然要花費農家們如此多的心力，古人說，「誰知盤中飧，粒粒皆辛苦」，果真其來有自。超擊掌門人團隊珍惜身邊的一切，在這塊土地上，有人在日曬雨淋下辛苦耕耘、有人在高樓大廈中集思廣益，每個人都為自

・邀請民眾擊掌合影，也需要勇氣。

・透過擊掌，人與人之間少了隔閡。

己、為社會盡其所能。但是，不要只享受成果，更要體恤他們的辛勞，未來要做的就是付出。

相遇時 難忘旅程回憶

當車隊浩浩蕩蕩駛入桃園，代表即將進入旅程的尾聲，他們停下來和一位賣蔥油餅的阿伯聊起天來。阿伯知道了他們的計畫，直說這個活動很健康，比起賭博、喝酒，或是整天守在電腦前上網打電動，年輕人更應該和朋友一起做些正當和健康的活動。

阿伯的話讓他們覺得像是長輩對孩子的叮嚀，但從阿伯的口氣中，才發現他心裡的苦，他的孩子可能就是因為誤交損友，辜負了他的期待，成為他心中放不下的牽掛。

阿伯說，當父母的總是想很多，每個孩子出門在外，都要想到家人，注意自己的健康與行為。說到這裡，8個大男孩也開始反省自己，憑著一股熱情就騎車上路，從沒想過父母雖然微笑支持，但內心卻隱藏著深深的擔憂。經過阿伯的提醒，隊員們牢記在心，未來一定會時時注意自身安全，也會定時向家人報平安，讓家人們安心。

話題結束後，他們依循往例要和阿伯擊掌合影，這時洪立發現，阿伯在擊掌前一刻故意換了一隻手，而他不願意入鏡的那隻手，小指頭少了2節。隊員們雖然不知道是什麼原因造成阿伯手指頭的傷，但從阿伯身上，他們看到了一個慈愛的父親，縱使身體上有些小殘缺，他仍然為了生存、為了家人而持續努力著。

其實，當時的他們有些無力感，不斷思考著，到底自己能做點什麼來幫助他。道別後，阿伯又追上前，希望可以收到合影的照片，就在蔥油餅的紙袋，阿伯靜靜地寫下他的地址。也許，是因為這些年輕的大男孩

・歷時13天的單車環島之旅，隊員們體會了各階層不同的生活方式。

讓他想起了自己的孩子，讓他想要留下和這些大男孩相遇的回憶。

心體會 課堂沒教的事

在出發前，青輔會曾經替成員安排相關課程，像是爆胎時的補胎等等，對他們來說受益匪淺。此外，還有許多對他們伸出援手的民眾：資深車友在行經身邊時的善意提醒、單車行老闆在幫忙補胎時因為得知此計畫而免費贈送單車內胎、路邊老人提供免費飲料……，接受了這麼多幫助，他們心中滿滿的都是感謝。

結束了歷時13天的單車環島之旅，8名隊員很明顯地體格變結實、壯碩，黝黑的皮膚也證明了他們經過大自然的洗禮。

將課業暫放一旁，他們在這次旅程裡領略了教科書之外的世界——那是一個寬廣又熱情的世界。如果可以的話，他們希望下次能夠進行更深度的探訪，不需要趕路，可以在每個地方停留較長的時間，讓他們可以多聆聽在地人的聲音，並了解在地風情。

在此次單車壯遊最初的計畫提案中，他們除了想和不同行業的人進行接觸外，其實還想更進一步幫助不同行業的人，也許只是幫忙叫賣，也可能是幫忙整理蔬菜或水果，也許只是陪些獨居老人聊聊天……，總之，這群年輕人想以自身微薄的力量，為臺灣做更多有意義的事。＊

後記

這趟旅程能順利完成，要感謝許多人的幫忙：謝謝青輔會支持我們的計畫，讓我們得以完成夢想；謝謝警察廣播電臺的李遠大哥，讓我們有機會在live廣播中談我們的構想和理想；謝謝美利達提供了腳踏車和許多環島的配件，也謝謝照圓姊一次又一次地忍受我們的騷擾；謝謝美利達內湖店的Ostar老闆，知道我們的企畫後以友情價贊助裝備；謝謝雪芙蘭提供了防曬乳和洗面乳，量大到現在都還用不完；謝謝TVBS記者雅玉、商周編輯，特地來記錄我們的環島旅程。最後，謝謝全臺灣熱情的大家，和我們擊掌的大家！

大家好，我們是——超擊掌門人！

成醫小必取 向醫者之路前進

臺灣醫療單車巡禮

撰文／**莊馨云** 攝影／**吳毅平** 圖片提供／**成醫小必取車隊**

團隊名稱：

成醫小必取

計畫名稱：

醫者之路

團隊介紹：

「成醫小必取」車隊是由5位成功大學的男生所組成，其中傅俊銘、黃議德、黃梓鑫和周有容都是大三的醫學系學生，李冠德則是都計系的二年級學生。當初之所以命名為「小必取」，除了抱著必定取得這項計畫的決心之外，還隱藏了5個大男孩自嘲的幽默感。他們透過14天的單車之旅，探訪過去偉大醫者的足跡、現今在醫界貢獻甚偉的醫生。

高雄 2010/08/18
臺南→臺灣醫療史料文物中心→屏東市

屏東 2010/08/19
屏東市→屏東基督教醫院→恆春

臺東 2010/8/20
恆春→臺東達仁→臺東金崙

臺東 2010/08/21
臺東金崙→臺東市→臺東鹿野

花蓮 2010/08/22
臺東鹿野→花蓮瑞穗鄉

總里程數
1,000 km

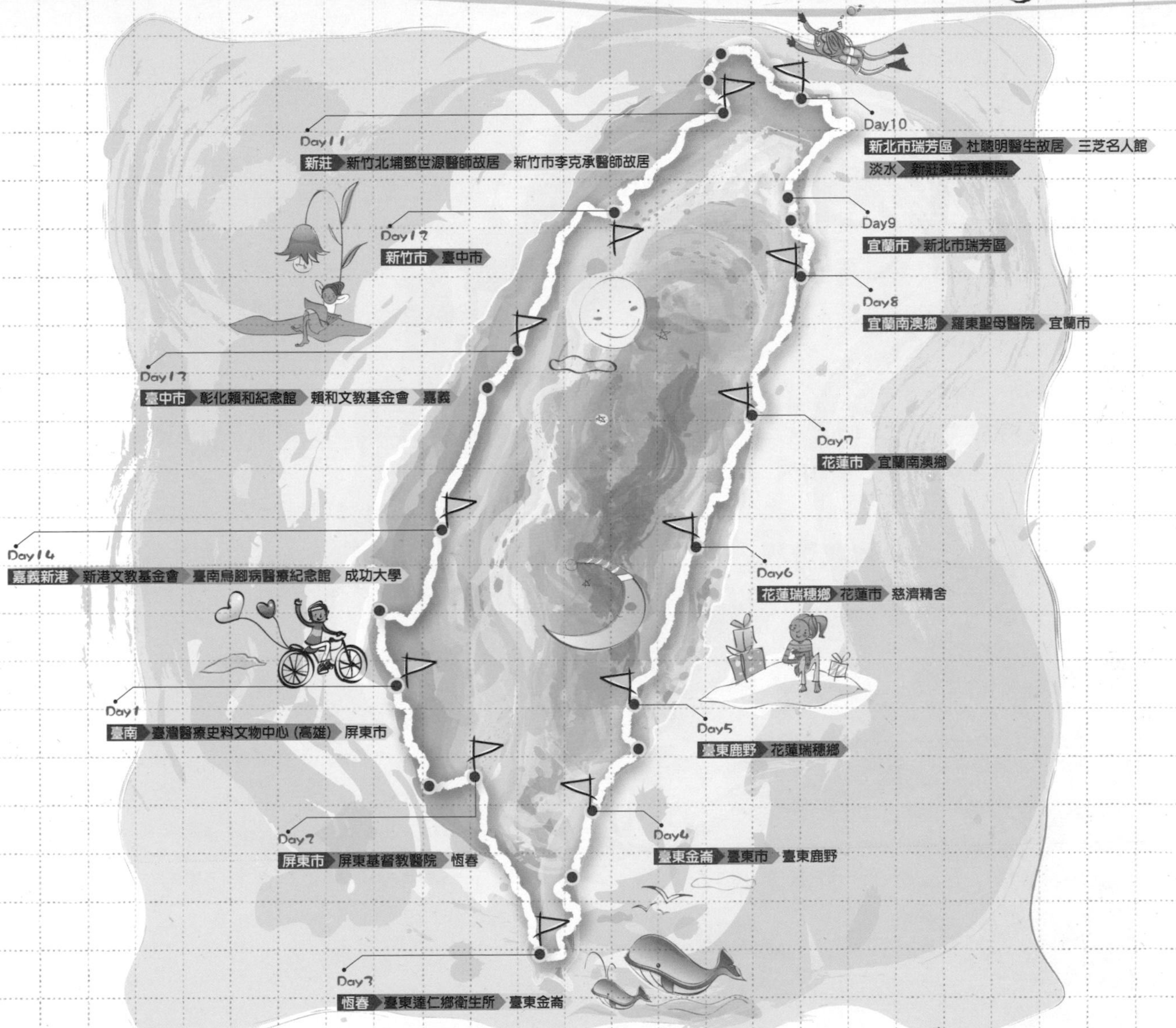

Day1
臺南 臺灣醫療史料文物中心（高雄） 屏東市

Day2
屏東市 屏東基督教醫院 恆春

Day3
恆春 臺東達仁鄉衛生所 臺東金崙

Day4
臺東金崙 臺東市 臺東鹿野

Day5
臺東鹿野 花蓮瑞穗鄉

Day6
花蓮瑞穗鄉 花蓮市 慈濟精舍

Day7
花蓮市 宜蘭南澳鄉

Day8
宜蘭南澳鄉 羅東聖母醫院 宜蘭市

Day9
宜蘭市 新北市瑞芳區

Day10
新北市瑞芳區 杜聰明醫生故居 三芝名人館
淡水 新莊樂生療養院

Day11
新莊 新竹北埔鄧世源醫師故居 新竹市李克承醫師故居

Day12
新竹市 臺中市

Day13
臺中市 彰化賴和紀念館 賴和文教基金會 嘉義

Day14
嘉義新港 新港文教基金會 臺南烏腳病醫療紀念館 成功大學

花蓮 2010/08/23
花蓮瑞穗鄉→花蓮市→慈濟精舍

宜蘭 2010/08/24
花蓮市→宜蘭南澳

宜蘭 2010/08/25
宜蘭南澳鄉→羅東聖母醫院→宜蘭市

臺北 2010/8/26
宜蘭市→瑞芳

臺北 2010/8/27
瑞芳→杜聰明醫生故居、三芝名人館→淡水→樂生療養院

醫生，這個自古以來即具有神聖使命的行業，一直以來都代表著無我的奉獻與崇高的人格，不過，在當今功利主義掛帥的金錢社會中，「醫生」的神聖光環似乎逐漸黯淡。成功大學醫學系的學生，為了能夠更清楚的認識未來邁向醫者之路的意義，他們決定以逐步踩踏的方式，探訪臺灣醫療史的痕跡。

於是，5個人、5部單車，沒有太多的行前訓練，也沒有扎實的體能練習，全然憑藉著一股熱誠和向臺灣醫療前輩致敬的態度，從成功大學出發，展開了一趟為期14天的單車巡禮。

4、5個大男生有效率的展開資料搜集，展開醫者之路探尋。

立定目標「必」定「取」得

成大醫學系的傅俊銘，原本是校內飲品社團成員，在一次偶然的機會下，和同為飲品社成員的好友、就讀於都市計畫系的李冠德，一起參加了單車社針對非社員所舉辦的講座活動，就這樣，他們興起了不妨趁著大二升大三的暑假，規劃一趟單車環臺之旅的構想。

想法才剛剛萌芽之時，傅俊銘也告知同班好友黃議德、黃梓鑫和周有容等人，大家都有著躍躍欲試的熱忱，也隨即展開了第一次的討論。

有鑑於這幾年來臺灣興起的單車熱潮，騎單車環島，早已不是什麼大不了的事。為了有別於大多數想要騎單車環遊臺灣一圈的人，那種想要向自我挑戰的想法，5個人當中就有人提出，是不是可以運用在醫學系所學過的醫學人文中，所提及臺灣醫療發展歷史當作主題，騎著單車，一一去拜訪這些前輩們留下的足跡與貢獻。

新竹 2010/08/28
新莊→鄧世源醫師故居（北埔）→李克承醫師故居（新竹市）

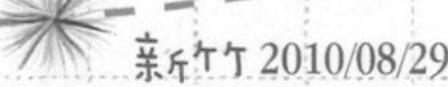
新竹 2010/08/29
新竹市→臺中市

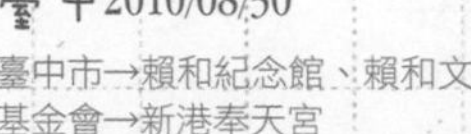
臺中 2010/08/30
臺中市→賴和紀念館、賴和文教基金會→新港奉天宮

臺南 2010/08/31
嘉義新港→新港文教基金會→烏腳病醫療紀念館

這個深具意義的主題很快便獲得大夥兒一致的認同。不囉嗦，5個大男生很有效率的開始展開了資料搜集，分頭去找出想要參訪的醫院、醫師，或者曾經記錄著臺灣醫療發展歷史的重要據點。

幾次的聚會討論後，路線計畫、器材裝備、工作分配、費用預估等相關事項陸續成形，大夥兒對於這項活動也更具信心，雖然當中只有周有容有過騎單車環臺的經驗，其他人連平日都很少騎單車；但是，當一經決定，每個人都抱持著「必」定要「取」得如此難得機會的決心，「成醫小必取」車隊於焉誕生。

鼓起勇氣向前踏進

經過2個多月的籌備與計畫，帶著和家人溝通之後所得到的祝福，8月18日清晨，車隊終於要出發了。

然而早上6點一到，竟然只有傅俊銘準時出現，其他的人竟因太過興奮、無法入睡而遲到了。經過一番混亂的狀況後，總算是正式踏上旅程，穩健地朝目標前進。

・不管遇到什麼狀況，他們唯一的信念就是堅持下去！

在規劃行程之初，透過2009年已有騎單車環臺經驗的周有容解說，其他4人對每天的路線和路況早已有了初步的心理準備。不過一旦自己真正面對，那種想像與現實之間的差距，還是一一浮現。

第3天從屏東經南橫往臺東的南迴公路上，通往公路最頂點壽卡之前的連續陡坡，讓這群大男孩留下了深刻的體驗。原本被大家公認為體力最差的梓鑫，卻最順暢的騎上頂點，而平時就有運動習慣的議德和有容，反而氣喘吁吁地苦撐踩踏著。感覺漫無止境的上坡路，他們也只能咬著牙，繼續踩踏向前。所幸，在不放棄、堅持之下，還是順利抵達最頂點壽卡。他們在此還巧遇伊甸基金會的單車團體，大夥兒開心暢聊之後，各自繼續行程。

在接近行程尾段的彰化、雲林的騎乘路段中，雖然這裡幾乎都是平地，但也有意想不到的狀況發生。俊銘的馬鞍帶不知道為了什麼原因，一直無法保持良好的平衡而不停的摩擦到車輪，所以每騎一小段路，他就得停下來重新調整一番。就這樣，一次次的暫停，讓他逐漸落後隊友，距離也越拉越大。雖然在當下，他有點氣隊友們怎麼都不停下來等他，但等到終於趕上已經抵達目的地的隊友之後，那種又完成一天任務的喜悅，卻已取代了不悅。

對這5個大男生來說，14天的行程不算短，一天天連續的騎乘對他們來說，不啻是一種體力的挑戰，路途中也難免會不停地發生迷路、錯判等小插曲，甚至在基隆還發生車禍意外。但不管遇到什麼狀況，唯一的信念就如同出發之前的想法一樣：「鼓起勇氣，堅持下去就對了！」

踏訪臺灣醫療軌跡

參訪早年臺灣醫療發展的歷史痕跡，是這次環臺活動的一大重點。行程中，最先造訪的是位於高雄的醫療史料文物中心，透過館內陳列的中醫發展史、臺灣教會醫療史，以及日治時期的醫療，讓這5個大男孩可以更有系統地認識臺灣早期的醫療發展情況。

位在花蓮的慈濟精舍，不僅是慈濟功德會的發源地，也是一手推動東臺灣醫療的大功臣。在慈濟醫學院裡，導覽小姐帶著他們觀看了有關大體老師的影片。對此，傅俊銘表示，升上大三之後，也要開始上解剖課程，透過影片看到對於大體老師尊重莊嚴的對待方式，心中的感動與欽佩已非三言兩語所能形容。在即將面對的解剖課程中，他們也會以更敬重的態度來感謝大體老師。

而在東臺灣，除了慈濟醫院，宜蘭羅東的聖母醫院也是一處深耕在地的醫療院所。由天主教醫靈會所成立的羅東聖母醫院在草創初期，來自斯洛伐克的范鳳龍醫師幾乎是不眠不休地為蘭陽居民看診服務，因此被蘭

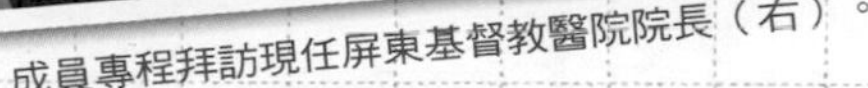
・成員專程拜訪現任屏東基督教醫院院長（右）。

・成員與樂生療養院牧師聊天。

・成員參觀臺南的烏腳病紀念館。

陽居民稱為「大醫生」。參訪過程中，聖母醫院的蔡副院長也勉勵他們，在未來從事醫生行業時，要具備善良的心，以病人為己任，不應以賺錢為目的。

近年來經常以抗爭議題出現在新聞版面的臺北新莊「樂生療養院」，代表著一段臺灣痲瘋病史；而臺南的「烏腳病醫療紀念館」，則記錄著當年環境因素下，烏腳病的發生背景與治療情況。另外，還有推動高雄醫學院成立的杜聰明醫師位在臺北三芝的故居，以及收藏了杜醫師相關文物的三芝名人館；在新竹第一位獲得博士學位的李克承醫師故居，和北埔相當有名的鄧世源醫師故居；以及在彰化地區行醫濟世，並且積極參與文化運動與社會運動的「賴和醫師紀念館」等，在行程中一一參訪，並且在5個人的心中，留下深刻的印象。

本身是虔誠基督徒的周有容還提到，觀察臺灣醫療史的發展，和宗教有著密不可分的淵源。無論是基督徒也好，佛教徒也好，正是宗教所具有的悲天憫人特質，讓臺灣的醫療可以在偏遠地區扎根，也更貼近民眾的需求。

造訪為醫療奉獻者

除了造訪臺灣醫療史上具有重要地位的發展印記之外，他們還拜訪現任散居在全臺灣各鄉鎮的醫生與院所。周有容認為，透過拜訪這些醫生與鄉鎮醫院，可以讓人更認識臺灣的醫療現況，也有助於啟發未來從事醫療工作的生涯計畫。

在屏東時，一行人專程拜訪了現任屏東基督教醫院的余院長，親切的余院長不僅親自接待，還提到自己去馬拉威義診的經驗與感想，也提到了當年為什麼會放棄人人眼中優渥的大醫院工作，而跑來屏東行醫的想法。黃梓鑫覺得，從余院長的經驗中，讓他

・對他們來說，這不只是單車環臺之旅，也為未來的醫者之路，埋下萌芽的種子。

體認到，未來將用不同的思維與更開放的想法，來面對醫生這個行業。短短2小時的訪談，讓每個人都覺得獲益良多。

位於臺東的達仁鄉，是一處偏遠又交通不便的鄉鎮，但這裡卻有一位令人敬佩的徐超斌醫師，捨棄了大醫院的工作機會，甘願在這個小小的衛生所來替民眾服務。此行中，大家都很期待可以拜訪徐醫師，但很可惜的是因為抵達當天，徐醫生前往臺南和臺中演講而無緣拜見，不過一行人還是參觀了衛生所內的醫療設施。

看著衛生所內還算齊全的醫療設備，但卻只有一位醫師，周有容覺得真的很可惜。他也提到，在大部分人眼中，認為徐醫師「犧牲」自己到達仁鄉服務的精神很偉大，但是在這裡，他們實際感受到當地人對徐醫師的評價與信賴感之後，更深刻感受到幫助別人的快樂與滿足，以及良好的醫病關係。

抵達嘉義新港時，他們還順道拜訪了成立「新港文教基金會」的陳錦煌醫師。陳醫師除了行醫之外，也積極推動在地農業小鎮的社區總體發展，並且推廣藝文活動，期望能透過藝文來醫治人們的心靈。

在拜訪陳醫師的過程中，熱情的陳醫師還邀請大家與在地的朋友一同晚餐，並且介紹了當地許多不同行業的朋友。陳醫師鼓勵他們，從事醫生這個行業要多接觸各種不同的人，唯有如此才能培養出多面向的思維。

發現臺灣城鄉特色

行程中，除了拜訪與醫學相關的據點之外，5個人也沒忘記要好好感受一下不同的鄉鎮風光。就讀都市計畫系的李冠德就提到，自己和其他夥伴一樣，幾乎都是在城市裡長大的孩子，透過這次的活動，有機會可以一次認識這麼多從沒去過的臺灣鄉鎮，也體驗到每個鄉鎮不同的特色，這也算是個收穫。

在鄉下騎乘時，可以感受到當地居民的熱情與親切，無論是加油打氣聲，或是和民宿老闆和其他旅人一起暢談的夜晚，都生動而鮮明地留在每個人的心中。

在城市車陣中穿梭時，那種小心翼翼的緊張感，或是迷失在錯綜複雜的巷弄中、在觀光漁港內因為缺乏經驗而被敲竹槓的用餐過程……，回想起來，都是一次次難忘的人生經驗。＊

5個人、5部單車，透過這趟為期14天的單車巡禮，探訪臺灣醫療史的發展足跡。從行程尚未開始前的不確定，沿途經過了車多擁擠的城市、穿梭於綠野環繞的鄉鎮、挑戰了上下起伏的地形，14天的環島行程，讓我們這群平時幾乎都窩在舒適環境裡的大男生，體驗到風吹、日曬、雨淋、被蚊子圍攻等不同的考驗。

對我們而言，這不僅僅是一趟單車環臺之旅，我們所經歷、收獲、體驗、啟發的一切一切，都將在未來的醫者之路，埋下一顆顆等待發芽的種子。

TAIWAN PASSer轉動熱情

用雙腳實踐臺灣夢

撰文／**廖威棋** 攝影／**林志騏** 圖片提供／TAIWAN PASSer車隊

團隊名稱：

TAIWAN PASSer

計畫名稱：

一生，該為理想瘋狂一次——「轉動．臺灣」

團隊介紹：

一群來自多元背景且充滿熱血與理想的跨國大學青年（陳昱築、翁佳慧、王維綱、張士庭、楊凱傑、王宛琪、易采萱），壯遊行程11天，透過單車上設置醒目的旗幟，如「臺灣加油」、「Taiwan Go」等標語，在路程中帶給民眾鼓舞的力量，讓大家感受到熱情，並藉由「轉動．希望」這個概念，轉化為對這片土地的認同。此外，更與教育部「焦點三百」列表下的偏鄉或是教育優先區的小學生互動，透過有趣的教案與遊戲，傳播不同世代的想法，開啟他人快樂的泉源。

臺北公館
2010/01/18
臺北公館→桃園市→新竹市→苗栗→獅潭→永興國小

彰化芳苑（漢寶國小）
2010/01/20
獅潭→大甲→清水→沙鹿→彰化市→芳苑→漢寶國小

雲林四湖（建陽國小）
2010/01/22
芳苑→雲林→臺西→四湖→建陽國小

總里程數
468.2 km

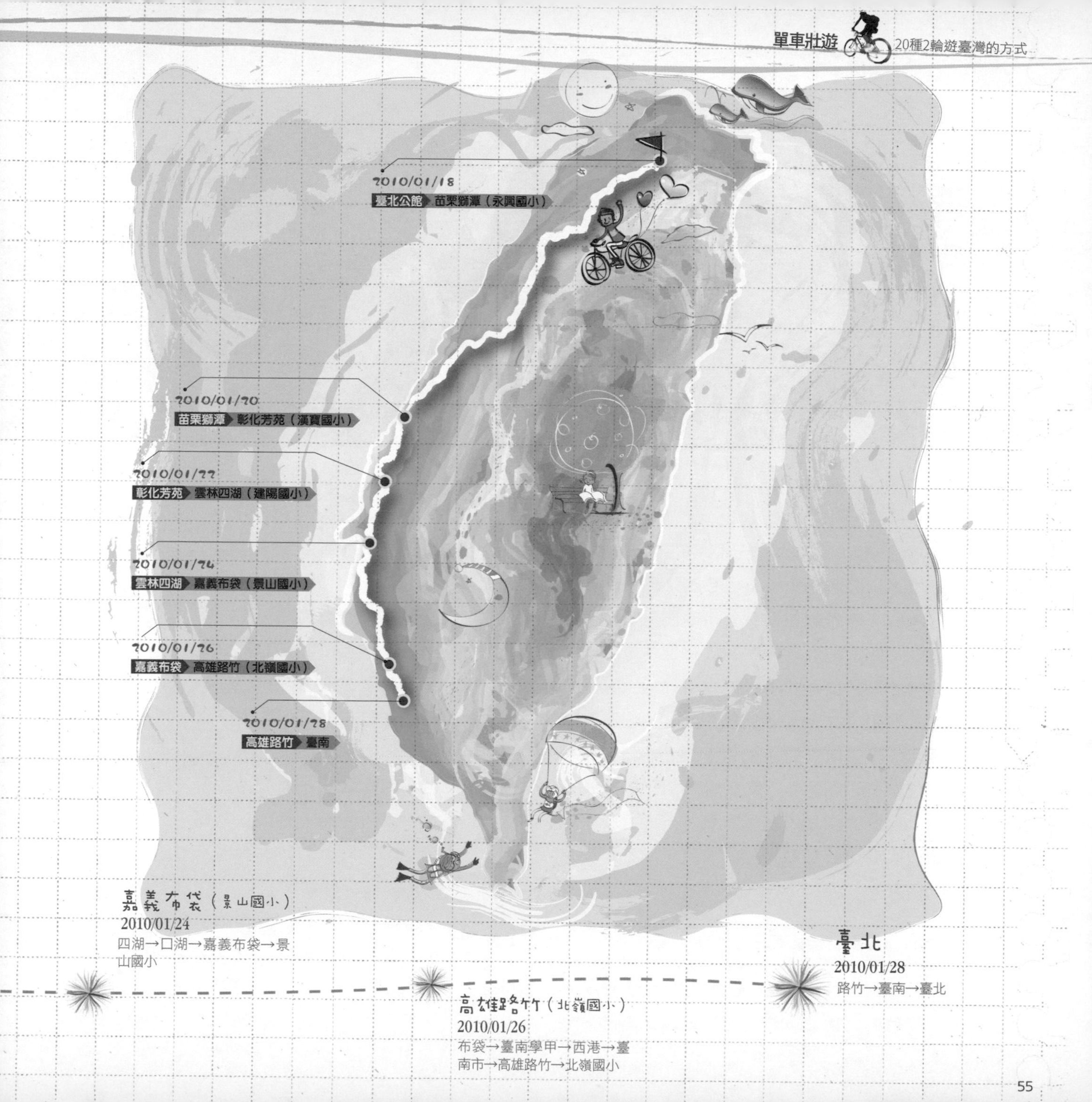

嘉義布袋（景山國小）
2010/01/24
四湖→口湖→嘉義布袋→景山國小

高雄路竹（北嶺國小）
2010/01/26
布袋→臺南學甲→西港→臺南市→高雄路竹→北嶺國小

臺北
2010/01/28
路竹→臺南→臺北

‧一群充滿熱血與理想的青年，決定在畢業前夕做不一樣的事——騎車壯遊。

夜晚的星斗滿布天際，山裡溫度驟降，迎著冷冽寒風，一組還在唸大學的青年車隊，仍舊千里迢迢地趕路中。這是啟程的首日，但命運並沒有善待他們，錯估了路程、開始路段的車禍狀況與行進中爆胎，讓他們一直到夜裡才得以到達目的地，隔天，還要早起。在日前的淡水、鶯歌、貓空試騎經驗好像從來沒有發生過；從公館到苗栗獅潭120公里的距離，讓這組大部分都無長途騎乘經歷的隊員吃盡了苦頭，一開始就有人想：「壯遊計畫執行的第一天，該不會就這樣結束……」。

正式上路的PASSer

PASSer，一群來自多元背景且充滿熱血與理想的跨國大學青年所組成的車隊，他們總是如此介紹自己。2009年的暑假，隊長陳昱築在為期9天的亞洲太平洋學生論壇（Pacific Asia Student Seminar）認識了同樣就讀於臺大的翁佳慧、王維綱，以及來自日本國際教養大東亞研究學系的比屋根亮太。

在學生論壇中啟發內心潛伏已久的理想和熱情，以及與國際交流所帶來的文化衝擊，他們決定在畢業前夕做點不一樣的事，能夠回饋臺灣。他們選擇用單車做為代步工具，以「轉動．希望」為概念，轉化對這片土地的認同；同時，也換來自己人生中更深層的喜悅與感動。

車隊中，只有昱築與維綱有長途騎乘經驗。當時唯一的女性佳慧，自嘲「走到哪裡都習慣騎腳踏車」，對於即將成行的壯遊，更展現巾幗不讓鬚眉的熱情，還拉攏了毫無經驗的高中同學：張士庭、楊凱傑、易采萱的加入。士庭說，佳慧只是跟他們聊到寒假想騎單車環島，聽起來似乎頗具愜意，結果卻完全不是這麼回事。最後，再加上維綱的女友王宛琪加入，3女、5男，共8人的PASSer車隊，正式上路！

寒假，當其他同學躲在被窩裡呼呼大睡的時候，他們迎著寒風，雙腿不停的運轉著，以一天騎乘、一天服務學校與社區的方式，築夢踏實完成他們的理想。「當初向青輔會提出計畫，我們選擇造訪『焦點三百』其中的小學，與小學生互動，並針對國小本身及當地土地利用、周遭人地環境進行相關田野調查，分析整理後，將資料提供臺大校方、服務性社團及慈善團體，以促進社會資源的均衡分配。」成員對於計畫總有無比浪漫的想像，就如同當初對於騎單車這件事也認為應該不困難，但實際見到各個學校與社區的景況後，不由得開始反省自己能夠做些什麼？

・學童們對來訪的車隊，顯現熱情與參與。

教育現場的困境

他們當初誤解所謂「焦點三百」學校，與都市的國小比起來，是屬於較偏遠落後的。實際上，「焦點三百」是教育部為落實兒童閱讀及縮小城鄉落差所推動的計畫，且他們造訪的學校多為「教育優先區」的小學。校區現場景況並沒有他們想像中貧瘠，可見政府、企業與慈善團體的捐助，其實真正需要改善的，反而是教學與附近的社區環境。

・水火箭儀式。

但就他們造訪計畫中的學校，仍是讓人感到充滿希望與期待。第一間小學儼然成為社區的中心，居民都把這裡當成交流的園地，且教育者面對併校爭議仍然相當努力；第2間小學與社區互動良好，讓校園的存在有更多元的功能；第3間小學則極力改善學校軟硬體設施，提供優良的學習環境；第4、5間小學在藝能及體育方面皆有相

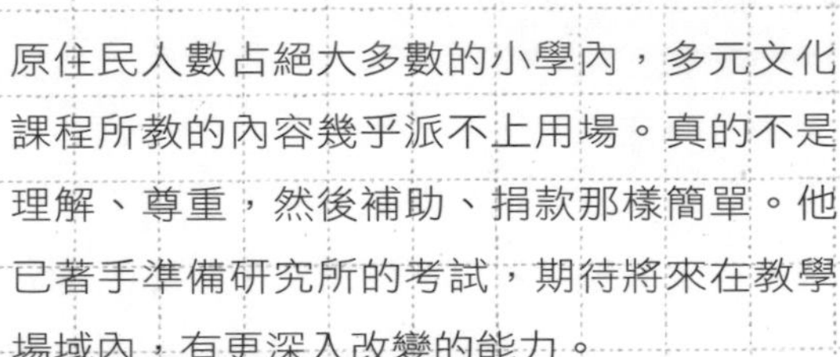

・旅途中的人情溫暖，讓隊友們難以忘懷。

當的表現。「在競爭中求自我特色」是這幾所許學校的共同優點。不過，社區隔代教養現象卻是普遍存在的嚴重問題。

青壯人口外流，小朋友從外觀漂亮的教室離開，在家裡等待的是怎樣的價值觀？是與時代脫節的，還是再怎麼努力，卻始終無法擺脫的困境？孩童天真的眼神說服不了每一個隊員。

才待一天就必須離開的他們，實在沒有解答，只好在自己身上找答案。就讀臺灣師範大學的士庭，發現很多在課堂上所學的內容，並沒有辦法解決他所看到的衝突；面對原住民人數占絕大多數的小學內，多元文化課程所教的內容幾乎派不上用場。真的不是理解、尊重，然後補助、捐款那樣簡單。他已著手準備研究所的考試，期待將來在教學場域內，有更深入改變的能力。

身邊沒有隔代教養的人，采萱說，當知道班上幾乎超過三分之二的學童父母都不在家時，感到非常驚訝。她所認為的「正常家庭」，在途經造訪的社區並非常態，而小朋友也要和雙親一樣出外做工，才能生存。因此，她體悟到自己真的很幸福，也更加珍惜身邊的人事物。

團隊一開始的雄心壯志與理想，因為無法改變現實而感到無力，卻也讓他們懂得內省，學習謙卑，用不同的角度來看待世界，在旅程中萌發新芽。

沿途送暖的感動

一路上造訪的社區及學校，讓他們有許多的想法，但沿途中的人情溫暖，讓隊友們一致認為，是過程中最令人難以忘懷的。

在百壽新村中，他們遇到會說日語的阿婆，她非常喜歡車隊中的日籍隊員亮太，邀請他們到家裡用餐。她端出滿桌的佳肴，客家芋頭飯、蔥花蛋、蘿蔔糕……，讓許久未品嘗美食的隊員們大快朵頤。其實，人丁稀少的阿婆家，家境並不富裕，但那一刻卻讓他們有種全家人圍桌吃飯的溫暖感動。

學校裡也有不少的愛心媽媽，為了校內活動能夠順利進行，也熱心地準備點心供小朋友享用；更別提沿路的鐵馬驛站、警察局、消防局、便利商店的人，大家熱情地提供協助，成為這趟旅程無形的推手，推動著他們往下一個目的地邁進。

有趣的是，車隊單車上的旗幟寫著「臺灣加油」、「Taiwan Go」等標語，並有個綠色臺灣的圖案，許多人以為他們是某政黨所派出的車隊，而且越到南部越受歡迎。無政黨傾向的PASSer車隊，對於這個「美麗的誤會」感到很有意思。

四海一家的體會

車隊當中的比屋根亮太，是大家注目的焦點，不是因為他的單車技術多好，壯遊經驗多豐富；而是每一次在國小帶活動時，小朋友發現他的口音特別奇怪，猜出他是日本人後，引起現場小朋友的好奇。尚在學習中文的亮太，也經常說出令人意想不到且無厘頭的對話，令人捧腹大笑，而這個特色也讓他成為車隊裡的開心果。

談起日本與臺灣的差異，他覺得臺灣很像家。出生沖繩的他，是個喜歡戶外活動的陽光男孩，沖繩人認為，「健康比讀書重要」，而在幾間學校的訪視中，他看到活潑好動的小朋友，皮膚曬得黝黑，這跟他在琉

・透過壯遊，讓這群年輕人懂得內省，學習謙卑，用不同的角度來看世界。

球唸小學時的情景相似。

另外，臺灣的居民也和他遠在沖繩的鄉親一樣，格外的熱情與好客。隊友總是虧他，根本不像日本人。人們對於日本人的印象，是不是也是從日劇看到的刻板印象，而忽略了多元文化的呈現？亮太提到了他的體悟。越往南部騎時，他發現愈來愈多人習慣用臺語對話，小朋友間總以臺語或者原住民母語相互溝通，這般情景讓他相當感動。

‧沿途中難忘的回憶，成為車隊珍藏的點滴。

因為在他的家鄉，會講琉球話的人越來越少，現在應該只有50歲以上的人會講，30到50歲的人懂一點點，其他的人只會聽。他認為臺灣的語言保存還有美好的未來；同時，他覺得，臺灣對於下一代的教育非常重視。

‧Taiwan PASSer決定在畢業前夕做點不一樣的事。

車隊中和亮太最要好的，是後來加入的凱傑。亮太大剌剌的個性和學法律的凱傑，2人在一路上總是不停地鬥嘴。8個大學生組成的車隊，過程中難免多有摩擦，凱傑說，行程一開始分成2個小團體：亞洲太平洋學生論壇的一邊，另一邊則是佳慧找來的高中同學，大家各騎各的路，幸好佳慧扮演雙方溝通的橋樑，讓大家的情感逐漸融合為一體。

縱然小爭執零星不斷，但大衝突倒也沒有發生，連在旅途前半段估錯路程而害隊員們白白騎了好幾公里路的維綱，也沒有遭到大家「唾棄」，眾人依舊信賴他，把多騎當作吃補，反正能平安到達目的地就好。

單車壯遊旅程中，令人遺憾的是，在景山國小發射水火箭的儀式。前4所學校發射無誤的水火箭，到了景山國小卻因發射台的問題而卡住，拆卸組裝後仍無法順利射出。部分隊員趕緊進行搶修，其他人只好帶領著小朋友玩起蘿蔔蹲的遊戲。沒想到，這時下起了大雨，只好讓小朋友回到教室。成員帶著低落的心情向大家說明狀況，因為每一支水火箭的發射，都承載了無數的夢想與希望。

圓夢瘋狂的展現

最後一站，他們告別了北嶺社區居民與國小師生，騎著臺1線到臺南市，再搭客運抵達臺北，回到出發前一天曾去過的鐵馬家庭。將車子等租來的物品交還，11天的壯遊在此寫下完美句點。滿滿的收穫是以前從未感受過的，當然也有旅途結束後的悵然。

隊長昱築說，以單車為交通媒介探訪臺灣，是他心中的夢想，之前總是因為一次次的拖延和尋找不著適當機緣而耽擱著，這次因為青輔會的計畫，與志同道合的隊友一起行動，算是圓了他的夢，也為心中的理想瘋狂了一次。副隊長的維綱，計畫著下一次的壯遊行程。第一次挑戰壯遊的宛琪，則喜歡到不同的鄉鎮，體驗各式各樣的人事物，還要和PASSer車隊一起探索臺灣的各種可能。一路上的點點滴滴，都成為他們人生中難忘的記憶。

期待下一次的啟程，這一群年輕人為了實踐理想，積極尋覓夥伴，準備再出發！＊

後記

現在我們還在繼續追求自己下個階段的夢想，留學、準備研究所考試、當兵……，每一個人都有自己需要面對的夜晚和無能為力，可是，只要想起這11天的旅程，就足以讓我們在昏黃的小桌燈前微微一笑。

別人總問我們從這趟旅途獲得了什麼，我說，感受了臺灣人的溫暖，看過了大自然的美，體會了教育者的盼望，以及斯土斯民為了這片土地而共同努力營造的精彩文化。而我們呢？這趟鐵馬之旅告訴我們謙卑、知足及幸福。所以，出發吧！

山上的孩子 幸福「騎」遇記

運送幸福 傳遞愛

撰文／**廖威棋** 攝影／**吳毅平** 圖片提供／**山上的孩子車隊**

團隊名稱：

山上的孩子

計畫名稱：

大學生小部落「書」服騎

團隊介紹：

山上的孩子車隊由梁倍倫、陳麒宇、邱豫彥及卓宛嫺組成，他們透過5趟的單車旅程中，從2009年11月至2010年2月，每次規劃經過國中、小學及部落地區，行經每個學校機構或單位時，至少會運送10～50本書，多則上百本。此外，除了送書和衣物外，希望也能夠適時地輔導偏鄉學童的功課，並且陪伴他們。

埔里武界曲冰 2009/11

武界國小→自行運書上山

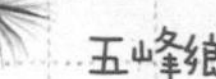

五峰線部落之輕騎 2009/12

花園國小→花園國小竹林分校→國小學童採訪及寄書至國小

武道能敢、李棟山、宇老

2010/01/01～2010/01/02

三光國小→石磊國小→自行運書上山→寄書至國小

總里程數
800 km

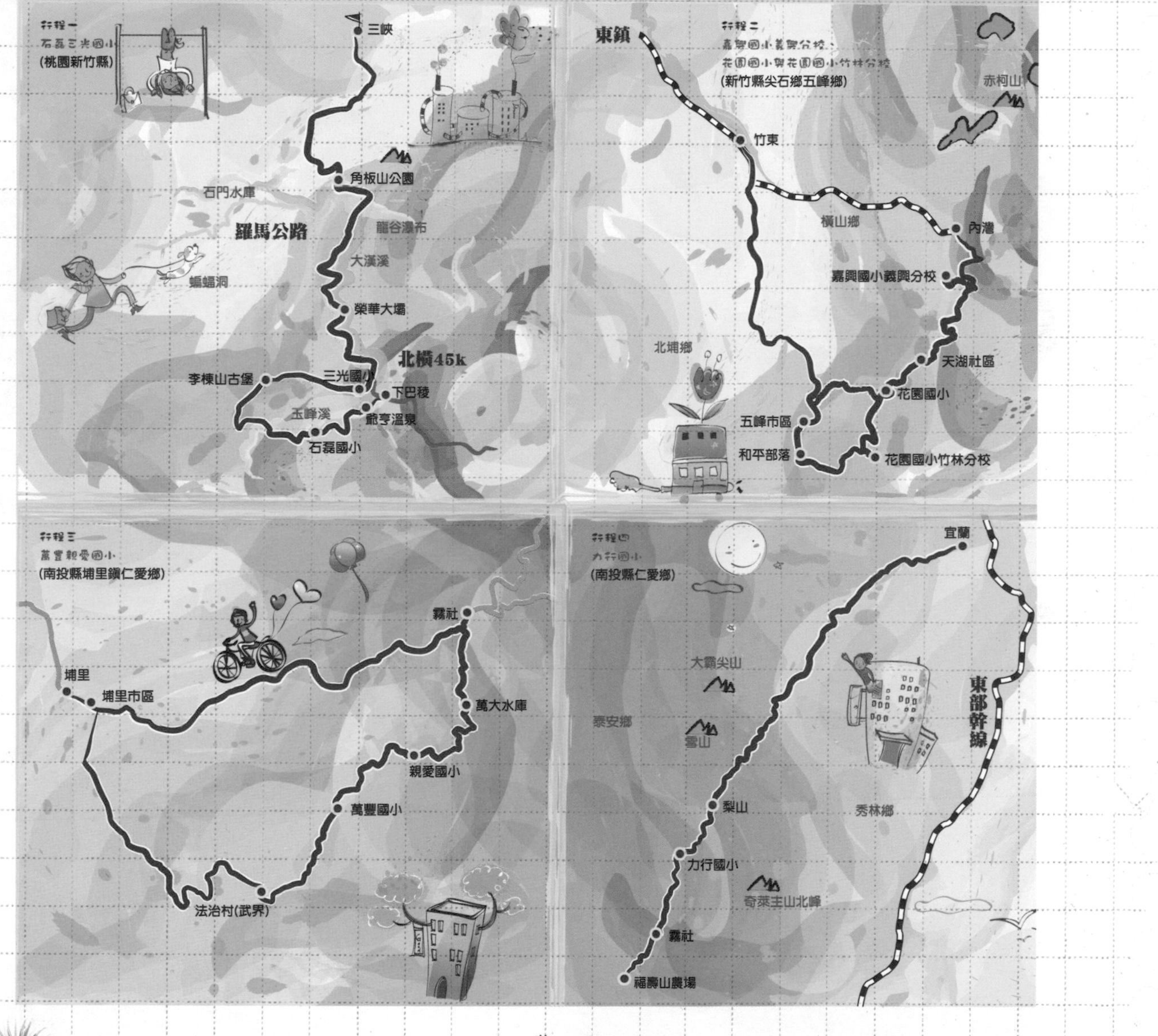

茶山國小 2010/02

嘉義→高雄→山美茶山

力行產業道路 2010/01/16～2010/02/01

力行國小→國小採訪及寄書至國小

旅行，對「山上的孩子」車隊成員來說，並非只是欣賞一幅幅的沿途風景，更重要的是，過程中遇到的人事物，使得每一趟旅程更為獨特且難忘。

藉由單車旅行，運送書籍及衣服至深山部落或是偏遠地區的國中小學，壯遊的想法就這麼誕生了。「這個點子，就在我們的旅程所看到的人、事、物中，打從心底自然而然地湧現……。」車隊隊長卓宛嫻這麼說。

．出發吧！「山上的孩子」車隊成員帶著愛心上路。

愛心募書計畫大作戰

當初，北大登山社的社員卓宛嫻，在成員中資歷最為資深。她從登山轉換成騎單車環山路，一頭栽進自行車的世界裡。她帶領著後期加入的陳麒宇與梁倍倫，體驗雙腳踩踏輪框的旅行方式。

剛開始，他們進行一日路程，當天來回，從市區出發，三峽到慈湖、桃園大溪，10幾人的車隊浩浩蕩蕩，騎出另一種不同路線；後來，參與甄選青輔會單車壯遊活動，行前的訓練規劃，騎乘路線與天數都隨之增加。終於，最後參與計畫的成員確定，對於這一次的壯遊計畫，都抱著很大的期待。

「部落或山區的生活相當簡樸，資源稀少，尤其是教育資源，與都市小學相比，部落許多小學圖書館缺乏書籍，這是個不爭的事實。」宛嫻說。車隊計畫送書的部分，可不是只有向他人募集，光是有書送就好，經由青輔會的建議，再加上成員們致電詢問學校缺乏哪一類書籍，因此，他們特別規劃了三大類贈送的書籍：科學教育類、自然生態類、繪本與畫冊。有了初步的整理，便開始找贊助、到書店去要舊書。

「宛嫻是行動派的，一想到什麼就急著去做。回想起當初和書店接洽的情況，若不是參與單車壯遊，我想我的生活不會有這樣的經驗。」麒宇說。個性內向的他，不擅長和人打交道，但為了車隊的愛心募書，他也得與學校人員接洽，並且到書店向負責人要贊助及募書，中間溝通協商的過程，令人成長。

偏遠山路的單車挑戰

他們終於成功募集上百本書籍，有的書店業者甚至阿莎力地將許多庫存書都轉送給他們。這些原本窩在倉庫內、終日不見天日的書籍，終於有機會重見光明，可以被送到小朋友的手上，發揮真正的功能；同時，也平衡了資源的分配，補足偏遠地區學童書籍匱乏的問題。但接下來令成員煩惱的，就是該如何運送書籍了。

．送書給偏遠山區的孩子，讓車隊成員們內心感到相當溫暖。

以一般的單車旅行來說，成員們總是希望只準備基本的裝備，行囊盡量越輕越好。但是，此次單車送書的行程中，上百本的書本由4個人分攤，每個人至少要載20～30本書，還不包括個人配備。另外，偏遠地區多為崎嶇山路，若車隊真要如當初所計畫的載送書籍上山，再親手送給小朋友，這個任務光是聽起來就令人感到「腿軟」。後來折衷後，決定針對部分學校，先將書寄送到住宿點或者直接送至學校。

爆胎事件成新聞爆點

出發前的車檢非常重要，這是進行單車活動的不敗鐵律。北橫與北橫三峽支線（臺7乙）上，發生了讓車隊成員們印象深刻的爆胎事件。

1月3日，因天候不佳，成員們正考慮是否依計畫出發？而規劃行程的倍倫，卻依然堅持照行程內容走。當天首度的爆胎事件則發生在騎上一個陡坡之後。補胎時，倍倫發現車的外胎磨得非常薄，在此情況下，第2次爆胎的發生機率相當高。「多數車友在出發前都會先準備好內胎，很少有人會準備備用外胎。」倍倫說。在成員們通力搶救之下，用厚紙黏補那條已「薄如蟬翼」的外胎，沒想到竟還可ㄍㄧㄥ了一段頗長的距離。

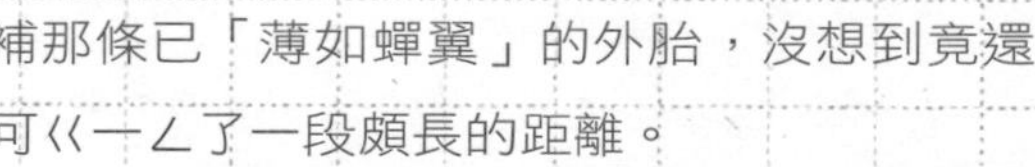

．負責規劃行程的梁倍倫。

走至半山腰，本來有機會可以將單車運下山，但倍倫認為，應該可以撐完今日規劃好的行程。好景不常，第2次爆胎在離終點約6公里處發生，其餘隊友離他已有一段距離。他心想，用牽的也要牽回去，但不幸的是，

當時大雨滂沱，且日已西沉，經過的車輛又不斷濺起泥水。倍倫自嘲著，當時自己就像尊會走路的兵馬俑，牽著鐵馬向前行，不知道驚嚇到多少路人。行近三峽的他們，最後仍是躲不了叫車運送人及車的命運。

那次，車隊成員其實是有些摩擦：天候不佳是否該啟程？該不該調整路線？有爆胎之虞是否就不該鐵齒繼續騎下去，不然整個車隊都被拖延……？緊張的情緒沒有化成激烈衝突，而是以各騎各的方式繼續進行著。

山上孩子天真的期待

天真無邪似乎是住在山上偏遠地區孩子的共同特色，當車隊詢問這些孩子需要什麼書籍？大部分的回答多是與自然環境相關，例如動物與昆蟲等，而從未得到如漫畫書與參考書之類的答案。

車隊成員們這才了解，原來偏遠山區的孩子們希望能更了解生活周邊的花草樹木與自然環境，他們對周遭事物充滿好奇心與求知欲，尤其那些看似渺小的昆蟲為何能在天上飛翔，甚至還能發出巨大的鳴響等等，這些問題更引起孩子們的興趣。

甚至還有很多小朋友回應著，他們希望身旁能有幾位年紀稍長的大哥哥、大姊姊當他們的玩伴，陪他們一起玩。

麒宇提到，在新竹的新光國小，一大群國小一、二年級孩子圍繞在他們身邊，還有的孩子在他們身上爬來爬去，「很久沒有與人單純的互動，讓我感到純真與快樂。」

‧偏遠山區學校的教育資源較為匱乏。

造訪的國中、小學，有幾所學校是婉拒車隊成員送書。一來是政府已撥發經費，學校認為資源可以再轉贈給其他更需要的單位；另外，便是已有其他團體捐贈過大量書籍。對於這個回應，成員並不感到陌生，經過那麼多的行程，他們逐漸了解捐贈書籍對學校來說，並不是最迫切的事。而最令校方深感擔憂的，一方面是原住民文化的傳承，以及山上或者偏鄉孩子們無法與都市成長的孩子競爭。

在與家長訪談時，這些大人最擔心的是孩子們的競爭力。他們知道居住地區環境不佳，在未來，孩子們大多都得到都會區求學與就業。

快樂伴讀陪學童成長

成員們聊到，有個外籍的清大研究生，每周都會從新竹市出發，騎自行車到新竹縣尖石鄉的石磊國小，教小朋友英文。這一段路程雖然都是在新竹來回，但路途其實很遙遠，尤其到石磊國小更需要經過一段很長的陡坡。經過山路的艱困考驗，他在一班不到10人的小教室裡，教著大部分是泰雅族的小朋友們學習英文。

另外，在茶山國小內，也有一群大學生志工，帶著小朋友嬉戲、烤肉、讀書；每周更有故事媽媽定期上山念故事給小朋友聽。這些人為了山上的孩子們，付出了許多時間

．車隊成員經過仁愛鄉力行村的馬烈霸部落。

與心力，相較於車隊本身，成員們覺得自己為他們做得還不算多，希望將來可以做得更多、更好。

回饋山林部落「書」服騎

很多人會問成員們，「大學生小部落書服騎」計畫的重點到底是騎車還是送書？

宛嫻說：「書本只是一個計畫的號召，讓計畫的核心價值有具體代表。書本是其中很重要，但也是最基本的；送書給孩子，只是希望他們在想看書時，不會無書可看。另外更重要的，絕對是陪伴的工作，讓這些小朋友看到自己，也看到世界！因此，在騎車的同時，我也是在觀察這些人、這些環境。」

而另一位成員倍倫，旅程結束後有了這樣的看法。他回想起一年多前的光景，總覺得當時自己有些好高騖遠：「過程中，想著我們的行動能帶給孩子們多少助益，這樣的想法也許有點自命不凡。想著輪下的道路是多麼崎嶇難行，卻總忘了我們只是過客。這些事，很多單車旅人在做，其實我們只是其中一員。」

許多事情沒有太多理由，在很多時候，原因僅是一些單純的想法，單純的想騎車，想做善事，想暫時離開都市叢林……。這趟旅行讓他們了解，踏板上的世界有更多的關懷與責任，也在回憶裡留下深刻的印記。

騎車翻山越嶺，身體疲憊，心卻很溫暖。

透過實地造訪，才能真正感受到天地之壯闊。

一路上，車隊在山上受過不少原住民朋友的照顧，曾有位原住民朋友對他們說道：「我現在對你們好，將來我的孩子若到城市裡，希望你們也會對他好。」這句話令他們難以忘懷。

單車旅行的感人之處

因為臺灣寶島濃厚的人情味，給了他們執行計畫的動力，讓他們更想回饋給這片山林與社會中的人事物。

「若有人覺得我們在做什麼好事，我反而會不好意思，一直以來都是我們得到的比較多，這片美景、這些溫暖的人們。相較這些，我們做的實在是太少了。但是，若因為我們做的讓某個人也開始想做些什麼，這就夠了，就像當初『丹尼爾老師』帶給我的啟發一樣。」宛嫻這麼說。

相較於汽車，單車的慢行讓景色定格成

單車登山路程中可飽覽自然美景。

美景圖畫，令人流連癡迷，這也是單車旅行吸引人之處。

麒宇說，以前喜歡設立艱難的目標，但經歷許多挑戰後，他發現，攻頂似乎不再是那麼重要的事。除了沿途風景，與人們的互動與相處，跟學童、老師、家長與村民的接觸，更讓人印象深刻。

攻頂之外的美景感動

單車登山是成員們嚮往的，正因為路程中永遠無法預料的經過，當繞過一個彎、翻過山頭後，下一秒將與何種美景邂逅，沒有人會知道。但是曾幾何時，這種柳暗花明又一村的感動，卻被逐漸淡忘。在這次的單車壯遊中，他們不只重拾對於自然美景的感動，更大的收穫在於人文的關懷，以及和人們的相處與接觸。當往日有空細細品味時，將滿溢出令人難忘的溫暖回憶。

成員們很高興在踏入社會前，擁有這段難忘的單車壯遊經驗。藉由青輔會的計畫與支持，宛嫻甚至自行寫提案、找贊助，在一些音訊全無的失望後，多虧了誠品書店和茉莉二手書店大方的提供書籍。宛嫻回憶著：「他們的熱情鼓勵給了我信心，能有這些書店當後盾，我不用擔心書的來源。他們全力的配合讓我感動不已！」將來，這群年輕人的單車夢想不會停止，日本行、西藏行已在心中蠢蠢欲動，期待再出發！＊

後記

此行對於偏遠的學童提供書籍，雖然對於提升教育資源，僅是其中一個面向而已。我們也許不能真正解決如今教育上的難題，但希望能夠藉由此次深入的訪談，將偏遠山區居民的聲音傳出來，也希望能透過親自踏出的每一步，讓人看到更多的可能！

在此更希望，在未來能有更多人接力下去，讓後續行動有更多人力的投注及資源的挹注，就如同他們曾託付給我們的那份情感，那種彼此幫忙的簡單與快樂。

蘭嶼蜜月的生命省思

感受生命的美好

撰文／**廖威棋** 攝影／**楊文卿** 圖片提供／**蜜月蘭嶼的新人車隊**

團隊名稱：

蜜月蘭嶼的新人

計畫名稱：

輕撫達悟的海洋記憶

團隊介紹：

2010年9月9日剛結婚的新人潘鎮宇及穆寶貴，他們深刻的蜜月旅行是一趟有辛苦、麻煩、克難、困難、艱辛、汗流浹背、充滿不確定性、難忘又甜蜜的35天。他們都有一套看世界的方法，想知道在同一時間裡發生在各地的故事，討厭批判與評論，只想要共同參與，並藉由參與感受文化的脈動、與當地人的互動，而這些經驗吸引著他們不斷旅行，感受美好的世界及微笑。

蘭嶼全島 2010/09/27~10/31

隨蘭嶼居家關懷協會訪視行程至6個部落

朗島

東清

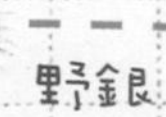

野銀

行程天數
35 Days
(1,110 km)

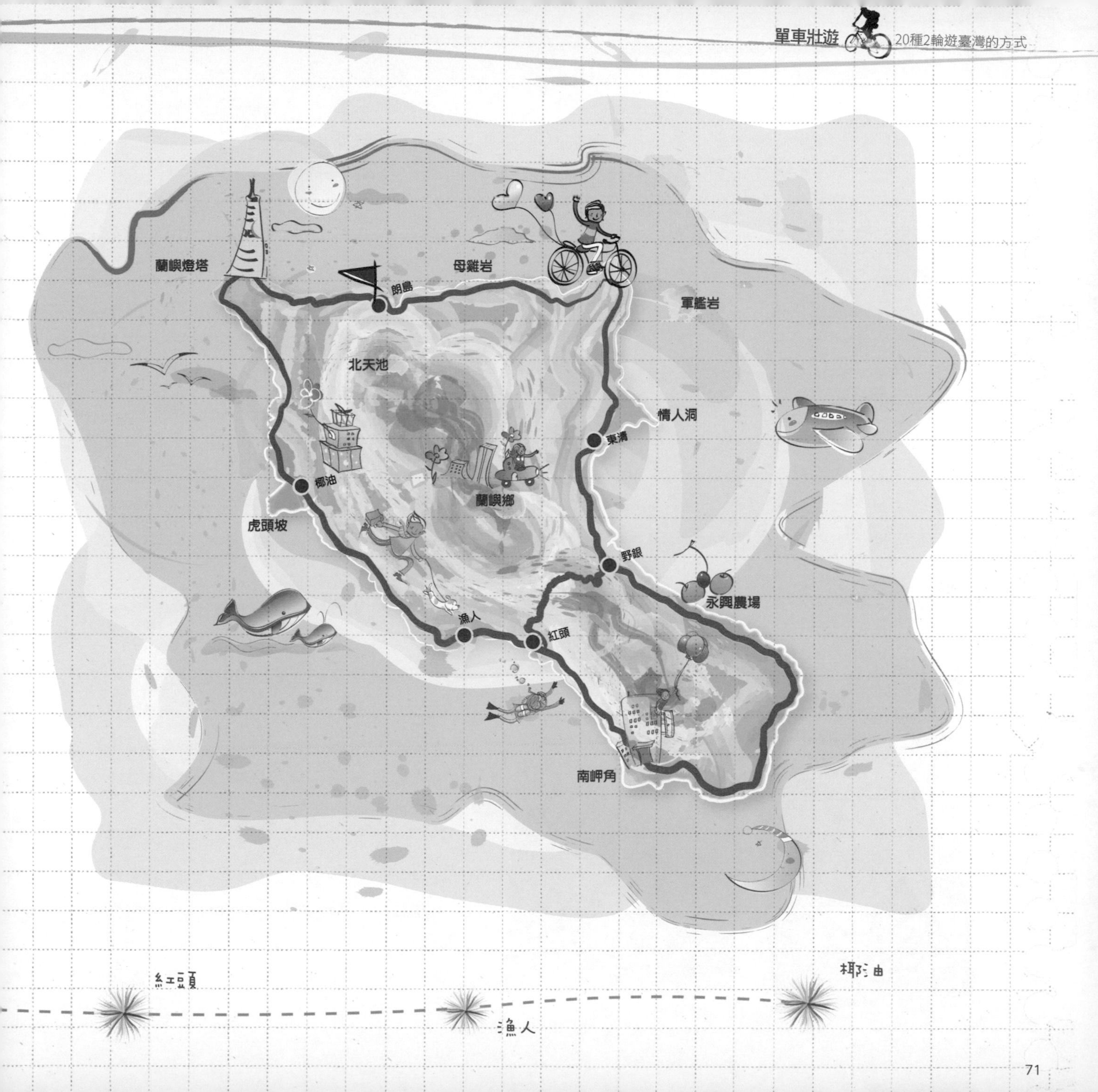
蘭嶼燈塔
朗島
母雞岩
軍艦岩
北天池
情人洞
東清
椰油
蘭嶼鄉
虎頭坡
野銀
永興農場
漁人
紅頭
南岬角
紅頭
椰油
漁人

理想的蜜月，該去哪裡度過？巴黎、馬爾地夫、北海道，還是峇里島？答案也不全盡然。行政院青輔會舉辦的第2屆青年單車壯遊臺灣計畫中，有一對剛結婚的新人來報到！潘鎮宇與穆寶貴在2010年9月結婚，當時小兩口正計畫蜜月旅行的地點。想起3年前大學畢業的那年夏天，環島旅途中在蘭嶼所發生的諸多回憶。

他們期待，蜜月旅行不只是單純的觀光遊憩，而是能結合當地文化與脈絡並有所互動的旅程。這次計畫透過在蘭嶼居家關懷協會擔任志工的方式，結合最愛的單車為主要交通工具，在島上進行蘭嶼老人居家關懷、送餐服務與護理照顧，希望能在留下蜜月回憶與觀察紀錄外，還能為當地奉獻愛心，讓蜜月旅程更有意義！

・穆寶貴。

・潘鎮宇。

在大學社團登山社認識的2人，彼此都很喜歡戶外活動。當初第一屆單車壯遊，在他們知道消息時已經是最後一日；在下一屆舉辦時，適逢婚期，他們也曾浪漫的想像，來趟蘭嶼蜜月之行似乎是個不錯的點子，但實際上，此行卻是辛苦且沉重。

蜜月之行，人生之旅

到蘭嶼蜜月的想法，緣起於之前蘭嶼旅程當中，認識了當地居家關懷協會發起人，同時也服務於蘭嶼衛生所的張淑蘭護士。她多年來為當地老人所做的努力與堅持，使得他們深受感動。

由於蘭嶼受到達悟族文化的影響，現代醫學與傳統價值觀的衝突，一直在現今，當地都有著難解的矛盾與傳統。如同日本電影《楢山節考》，在日本信州一個小山村，那裡貧困而沿襲了一個傳統，因食物的匱乏，老人家只要到70歲，就會被子女送上山，等待死神迎接。

很難相信在臺灣，類似故事就真實出現在離我們不遠的外島蘭嶼。印象中，那裡的夕陽很美，飛魚季的海洋原住民風情更令人心醉。但卻很難想像，在你所居住的民宿旁邊，那一間間涼亭或工寮，其實隱藏著許多不為人知的故事。

・蘭嶼的藍天白雲是蜜月旅行的最好襯托。

根深柢固的傳統文化觀念——對死亡、疾病的恐懼與迷思，達悟族人將一切不可知的事物，如生病、老死等都歸因給「惡靈」；認為疾病帶來「晦氣」，所以照顧老人會招引惡靈。但因為當地環境物資較缺乏，老人往往認為自己已無生機而禁食，自願把食物留給下一代；甚至，生了病不求照顧，反而甘願獨居，只因不願傳染晦氣。乍聽之下，著實不可思議，但這傳統卻在蘭嶼真實的上演，而且還很常見。臺灣本島的富裕生活，難以想像蘭嶼的殘酷一面，即使當地的整體環境比過往略有改善，但依舊不斷重演「遠離惡靈」的情節。

如果老人身體狀況還健朗，是可以回家和子女一起吃飯；一旦生病了，就只願意子女送餐至獨居的臨時屋，避免把「晦氣」留在子女家中；也有些老人不想拖累子女，或怕自己活太久，但一人獨自生活又會讓外人誤解子女不孝順，便拒絕進食，想早早了斷自己的生命……。在蘭嶼，很多老人遵照習俗堅持這麼做。

另一個困難是，若有人去照顧老人，離開後還要避免接觸其他人或經過健康人的屋前。病人的家屬也要拿家中珍貴的物品，如芋頭、瑪瑙，甚至田地等，給照護者做為補償，因此常會遭到家屬，甚至老人本身的拒絕。還有部分情況是，照護者被誤以為是為了接受餽贈，才到病家照顧病人，而讓善意

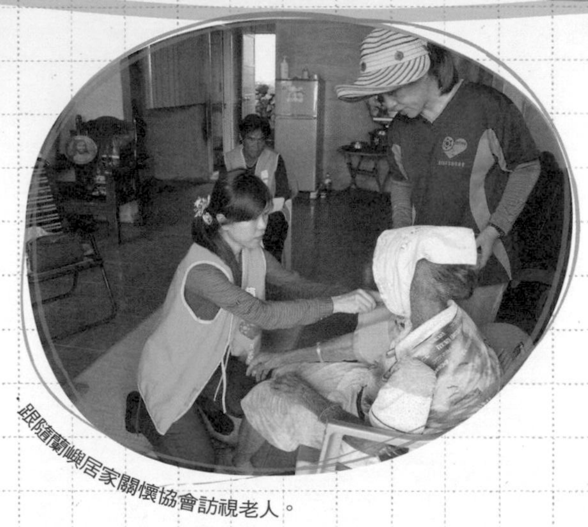
跟隨蘭嶼居家關懷協會訪視老人。

在蘭嶼當地，芋頭是用來饋贈的物品。

被曲解……。種種情況都使得長者居家關懷在蘭嶼推動不易。鎮宇和寶貴便加入蘭嶼居家關懷協會，藉著青輔會「青年單車壯遊臺灣」活動，一站一站地去看那些需要幫助的老人，關懷、送餐給他們。

蘭嶼不大，4個小時就能以單車環島一周，跟其他車隊相比，此行的里程數不算什麼，還稱得上「壯遊」嗎？但如果以人生的長遠來看，他們的旅程見證了人們的生死與炎涼，短短10餘天的蘭嶼生活，帶給他們無比的省思與成長。

今之孝者，是謂能養

就蜜月來說，此行離浪漫還有段差距，但大致上是能接受的。寶貴說：「我們都以為，至少可以跟老人愉快地聊天，但現實情形實在令人鼻酸。大部分的老人病重，躺在床上根本無法起身，連開口的力氣都沒有；就算有交談，我們會的達悟族語言也有限……。」

但2人共同的想法是：生命短暫。大概是這次旅程見過太多行將就木的景象，他們對於生命的體認更加深刻，彼此都覺得在世時要好好活著，活得精彩充實，活得有尊嚴，而不要在老的時候，只有等死的分。

《論語．為政》第7篇：子游問孝。子曰：「今之孝者，是謂能養。至於犬馬，皆能有養，不敬，何以別乎？」在蘭嶼做居家關懷協會的志工旅行時，心中一直想著這句話。剛結完婚，也有計畫生小孩的他們，也會想到自己老時該怎麼辦？擔心兒女若不照顧他們該怎麼辦？且自己的父母若無法照顧自己，也要將他們送到養老院嗎？還是自己有能力照料？7年級生的他們，已經開始思考這個問題。一般人會覺得現在談還太早，他們認為應該先做好計畫。「將來有了自己的孩子，孩子會看我們是如何對待父母，因此我們要以身作則，從這一代開始。」

・送餐給臨時屋的老人。

入境隨俗，熬苦知足

壯遊行程，也不全然灰暗。跟當地族人相處久了，他們也漸漸被接納。「這其實不是件容易的事。達悟族人和一般人印象中原住民都很熱情有所不同。原因是外人不甚尊重他們的文化使然，例如，女人不能碰達悟族的船；對於身體格外重視的他們，觀光客身穿的比基尼，簡直是種褻瀆；再加上外地觀光客對於島內不僅沒有建設，只會帶來垃圾。」他們花了很久的時間融入當地，族人對他們才展現熱情。他們入境隨俗，生活得也很蘭嶼：如同當地人，自己找食材，挖地瓜、抓螃蟹、採貝類等。

「不妥協的入境隨俗，我想大概就是喝酒吧！」鎮宇說，抽菸與檳榔當然不會碰，雖然酒能喝一些，但當有人邀時，也盡量表示不碰酒。「喝喝綠茶、汽水飲料不是很好嗎？又便宜又大罐。」他笑說，搞不懂明明酒又難喝，味道也苦，隔天醒來還會頭痛；況且價格也比較貴，無法理解為什麼還是一堆人愛喝。但他特別聲明，別說原住民愛喝酒，其實平地人愛喝酒的比例也不低；新聞中喝酒鬧事的也不全是原住民，但愛喝酒的刻板印象始終是原住民在背負？

蘭嶼生活之辛苦也令他們印象深刻。「蘭嶼的食物真的很缺乏，連便利商店都沒有。島上物資都靠船運，天氣不好、船期不開，就得自己想辦法找食物。」旅程中有幾天天候不佳，他們哪兒也不能去，只能連續好幾天都在民宿吃餅乾，這對新人的蜜月而言，確實不浪漫。但他們樂觀地說：「2個人在一起，這樣的苦日子都熬過來了，以後還有什麼好怕的呢？」他們看著一大片烏雲迎面而來，如同電影畫面。鎮宇說，蘭嶼的颱風，來去很快，鮮少聽到大災害的發生。最

糟的情況過去，雨過便天青。

蘭嶼鄉共有4個村、6個部落，分別為朗島、東清、野銀、紅頭、漁人與椰油，全島繞一圈約40公里。他們與一般車隊不同，是以一家民宿為定點，配合居家關懷協會的行程，完成老人居家照顧與訪視的服務；行程結束後再返回民宿。路程雖然不長，也不像其他車隊必須緊抓時間、抵達目的地，但其過程依舊艱辛。

蘭嶼的路幾乎都用水泥鋪成，沒有柏油路，再加上他們的壯遊期間天候不佳，還遇上土石流，一路上崎嶇難行。更別提公路傍海而建，周圍堤防低矮，幾波海浪打來，險象環生，簡直是搏命在騎。下坡時更為驚險，夜騎無路燈，還怕撞到牲畜，什麼狀況都有。有時遇到大雨，連單車都不能騎，但老人家還是要吃飯啊！2人坐上公車，拿著餐點，望向窗外淒風苦雨的蘭嶼，想想住在這裡的人，生活好辛苦，但這也讓他們更懂得知足。

不過，當蘭嶼天氣好時，真是一大享受，迎面海風吹拂，優閒自在，加上適逢遊客淡季，人煙稀少，整座小島，好像只屬於他們。

行程中，他們看過最美的景象，便是蘭嶼的夕陽，這大概是這趟蜜月裡，最羅曼蒂克的畫面。寶貴說，其次是老人家的笑容，許多老人一開始其實非常排斥他們送餐，後來才了解他們是來幫助的。平時老人們生活在沒有陽光的角落，根本沒有人關心；但志工不氣餒地持續訪視，讓他們敞開心防，甚至開始反省傳統的意義。不過，也因為言語不通，能說的國、臺語詞彙有限，腔調又重，唯一能表達感謝的，就是笑。一看到他們，就先笑，因為就算兒女不照顧，島上還是有人在乎他們，他們並不孤單。

除了志工，老人家也有自己的支持系統會互相幫忙。涼亭5姊妹就讓他們印象很深

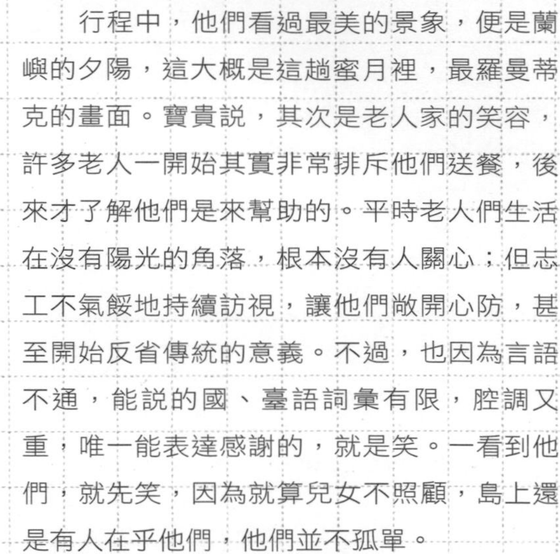

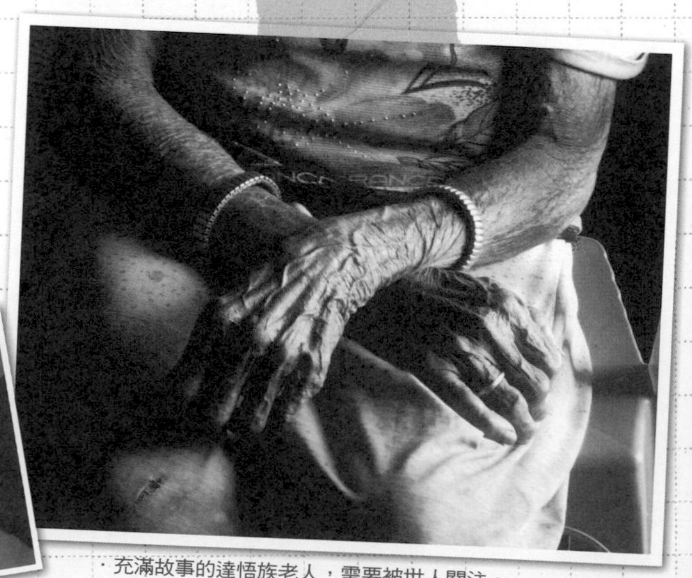

・充滿故事的達悟族老人，需要被世人關注。

刻。這5人並非真的有姊妹關係，但感情非常好。5人當中，只有3個符合送餐資格，所以每次只能送3個便當，她們再把3個便當平均分配，讓大家都有東西吃。

蘭嶼的支持系統來自親朋好友，很多都有親戚關係，或是感情不錯的朋友。對老人來說，即使遵守傳統風俗，但打從心底，應該也不希望自己孤獨地走向生命的終點。

尊重生命，挑戰禁忌

對於生命的尊敬，相信每個人都有期盼，但蘭嶼代代相傳的習俗與禁忌，卻沒人敢打破。這使得亟需被照顧的生病老人，隱身在簡陋狹小、環境條件惡劣的臨時屋中，孤獨地度過殘餘人生。10年前，蘭嶼居家關懷協會發起人張淑蘭的願望，就是希望當地老人能被關心、受到重視，而不是依循傳統，放任其躲在看不到的角落裡，過著暗無天日的生活。這樣的行動雖然被當地人視為挑戰禁忌，但是鎮宇和寶貴認為，總有一天人都會變老，誰都不希望被人遺忘。

鎮宇說，在這次的青年壯遊旅途中，腦海不斷浮現Ralph McTell所唱「Streets Of London」的旋律；寶貴則是只要想起老人們的笑容，就會想著要好好地認真生活下去。對於他們來說，這一次的單車壯遊，除了對於生命有更深層的省思外，也期待能將蘭嶼的故事，分享給更多人。＊

居家關懷協會的志工服務與老人居家關懷、送餐與訪視改變了我們對於「老」與「病」的價值觀。在假日與空閒時下海潛水、射魚、抓螃蟹與挖九孔，也學習到如何用魚網捕魚、親自下田挖地瓜，並體驗蘭嶼人生活上的小智慧；一起上教會禱告及唱詩歌；一起參與拼板舟、殺豬宰羊及堆芋頭的下水典禮；認識許多當地的新朋友。雖然蜜月旅行應該是2個人的甜蜜世界，但我們願意透過實踐付出與體驗學習，擁有專屬的特別記憶。而這些經歷，即便多年之後，還能被細細品嘗與回憶，再一起大罵那段無止境的上坡；一起笑看那些往事；一起想著那晚新鮮的魚湯與螃蟹，這就已經足夠。

從文學騎入歷史百景

入鄉，以雙腳踏出對臺灣的愛

撰文／**彭欣喬** 攝影／**林志騏** 圖片提供／**入鄉車隊**

團隊名稱：

入鄉

計畫名稱：

臺灣歷史建築百景探訪

團隊介紹：

2001年「歷史建築百景徵選活動」，由各縣市初選提報文建會，再邀請歷史建築學者專家評選出150景，後由全國民眾以網路、填表票選出歷史建築百景。團隊成員：連明偉、馬千惠、李景明、張淳育計畫造訪臺灣歷史建築百景，以24天騎乘單車的造訪行程，深刻體會歷史建築不同的面貌。

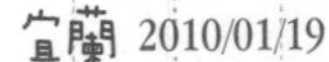
宜蘭 2010/01/19

蘇澳→羅東五福眼科→宜蘭酒廠→頭城舊街

瑞芳 2010/01/20

頭城→頭城鎮舊草嶺隧道→瑞芳太子賓館→瑞芳黃金神社→九份

基隆 2010/01/21

九份→基隆→三芝

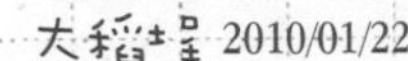
大稻埕 2010/01/22

三芝→淡水捷運站→紅樓→大稻埕→國軍英雄館

新竹 2010/01/23

臺北→湖口老街→新竹

竹南 2010/01/24

新竹→新竹北大教堂→竹南蛇窯→苗栗

總里程數 1,002.9 km

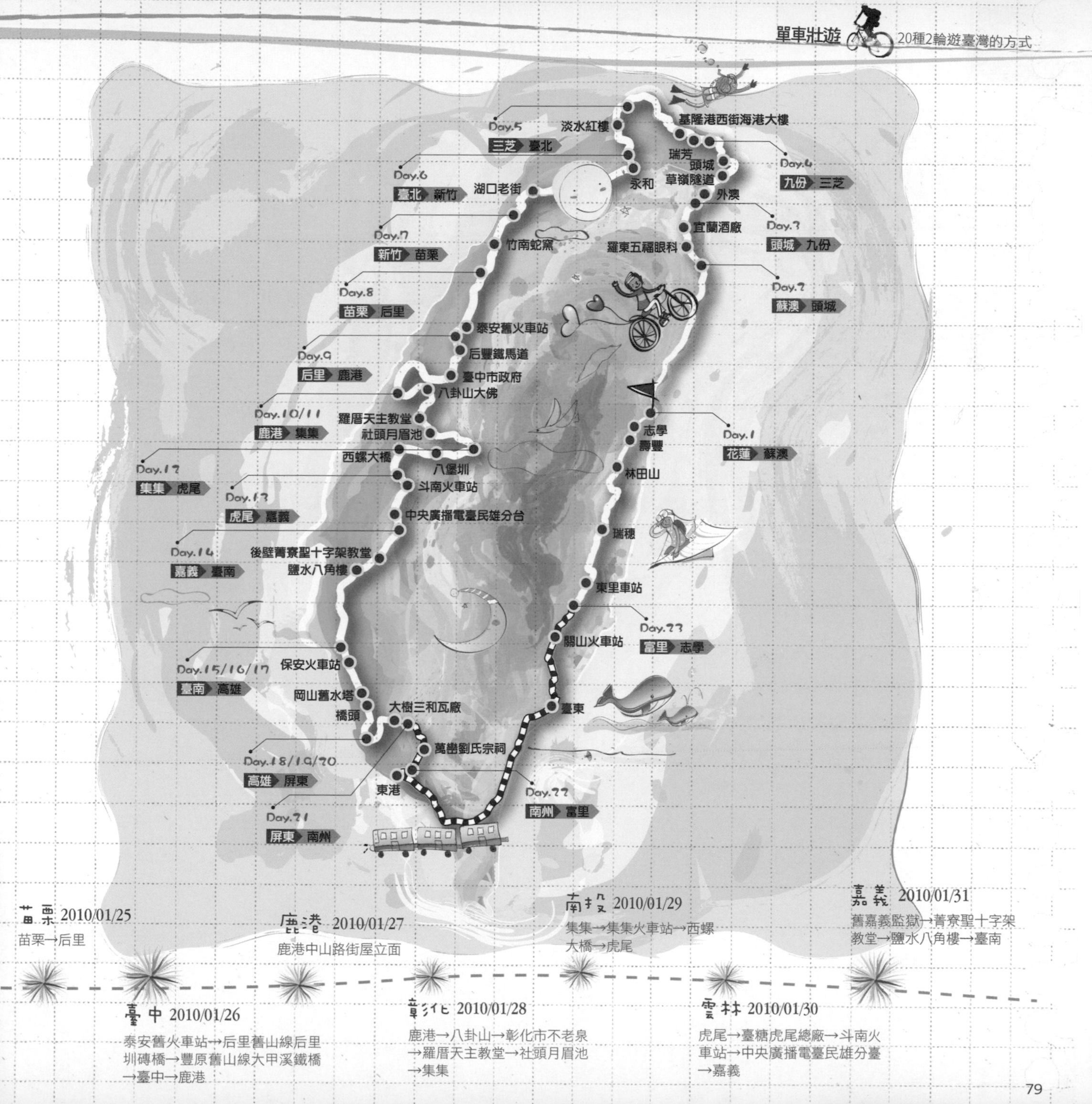

苗栗 2010/01/25
苗栗→后里

臺中 2010/01/26
泰安舊火車站→后里舊山線后里圳磚橋→豐原舊山線大甲溪鐵橋→臺中→鹿港

鹿港 2010/01/27
鹿港中山路街屋立面

彰化 2010/01/28
鹿港→八卦山→彰化市不老泉→羅厝天主教堂→社頭月眉池→集集

南投 2010/01/29
集集→集集火車站→西螺大橋→虎尾

雲林 2010/01/30
虎尾→臺糖虎尾總廠→斗南火車站→中央廣播電臺民雄分臺→嘉義

嘉義 2010/01/31
舊嘉義監獄→菁寮聖十字架教堂→鹽水八角樓→臺南

·單車壯遊就像馬拉松，是一場體力與耐力的競賽。

由2所學校、4個朋友、3男1女所組成的入鄉車隊，有領隊明偉、「吉祥物」千惠、美國小隊長淳育及小帥哥景明，明偉和千惠原是研究所同學，淳育和景明則是大學同學，原本八竿子打不著的一群人，卻因彼此一位共同的朋友而相互認識。

首先興起單車壯遊念頭的是明偉，即將從研究所畢業的他，希望替自己的人生階段做一個總結，於是找了千惠，2個人在花蓮畢業旅行時，請了當地人淳育作陪，談起了壯遊計畫，最後景明也加入，團隊逐漸成形。

單車環島品味建築風華

明偉和淳育從小在海港長大，原本希望展開一段海港之旅，卻發現許多海港地層下陷問題，再加上千惠和明偉在畢業旅行途中參觀了「臺灣歷史百景建築」之一的松園別館，而留下深刻印象。考慮到4人所學的人文背景，決定以「臺灣歷史百景建築」為主題，將平日課堂所學、偏學術性的田野調查，化身為行動，抱著對這片大地土生土長卻不熟悉的好奇心，入鄉車隊因此誕生。

全是單車新手且都是文學背景，景明笑說，他們當初向青輔會提案時，別人認為他們實力不強，所幸還願意給他們機會。出發前，對於單車壯遊沒有想太多，淳育認為，

臺南 2010/02/01
長榮女中→長榮中學→東門美術館→臺南神學院

臺南 2010/02/02
臺南師院紅樓→南門公園碑林

臺南 2010/02/03
保安火車站→岡山舊水塔→橋頭火車站→高雄

高雄 2010/02/04
高雄火車站→高雄中學紅樓→西子灣→高雄港車站→歷史博物館→玫瑰聖母堂

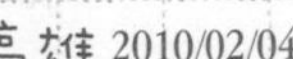

高雄 2010/02/05
玫瑰聖母堂

這是人生中的一次小冒險，他注重旅途中如何感受當地氣氛；性格浪漫的千惠認為，這是一趟輕鬆愉快的旅行；景明則滿腦子想透過深入與當地人互動，了解風土民情；明偉則將此當成對自己的挑戰，希望將島嶼融入生命，或是島嶼真正吸納進他的渺小。

・一支全是單車新手的隊伍。

・以文學為出發，透過單車實現壯遊夢。

「沒有什麼比透過旅行更能認識人。白天刷牙、洗臉、騎車，晚上吃飯、聊天，講些不太好笑的笑話卻都笑得很開心，聊起曾經愛過的男孩、女孩，以及他們曾經留給我們的眼淚、懷抱的夢想及模糊的未來。從陌生到緊密，我們在這趟旅程中交會，即將往各自道路奔去。但此刻，卻是靜止。」千惠如此說。這支樂天的隊伍在2010年1月19日展開他們的單車旅程。

無情風雨加溫人情溫暖

由於分居不同城市，使得這支團隊一直到行前說明會才第一次「合體」。出發前，4人各自分工，每人規劃認養分區路線，然而旅程中擅長看地圖的景明，卻老是不按牌理出牌。在前方探路的他，心中其實老早「算計」好，要如何說服隊友跟著他騎上另一條路，因此沿途路線也不斷地進行修改。

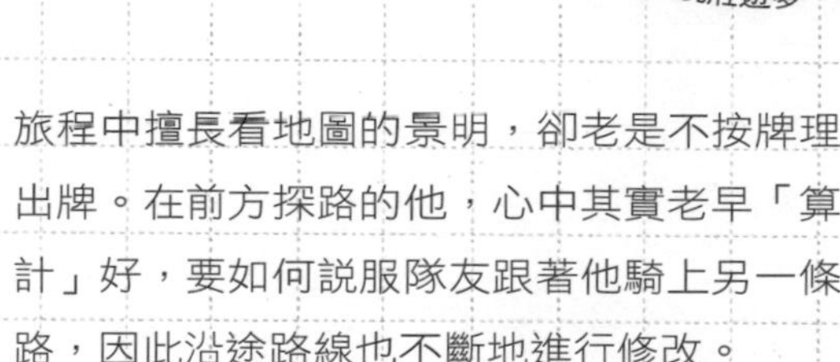

經典的莫過於黃金神社那段路程，那是在旅程的第2天。當時率先抵達金瓜石入口的淳育和明偉，從路過的機車騎士口中得知，光騎機車下山就得花上半小時，隨後的景明和搞不清楚狀況的千惠，沒看見2人眼中的猶豫，一個奮勇往上騎，一個連聲鼓譟，一行人只好展開連續山路彎道的試煉。

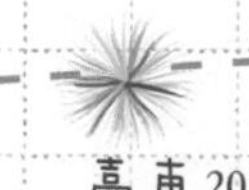

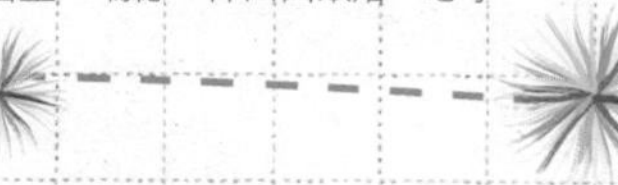

高雄 2010/02/06
大樹鄉三和瓦廠→屏東蕭氏家廟→空軍招待所

屏東 2010/02/07
萬巒鄉劉氏宗祠→東港

臺東 2010/02/08
南州→臺東火車站→關山火車站→富里邱家古厝

臺東 2010/02/09
富里→瑞穗→林田山聚落→志學

花蓮 2010/02/10
志學→花蓮酒廠舊址→松園別館

前半段到太子賓館的單車道則吞噬了他們的體力，後半段到黃金神社的參拜道則耗盡了他們的意志，所有人在幾近崩潰之下，所幸也獲得絕美的金瓜石夜景回報。不過，一旦遇上厄運後，似乎便無法輕易脫身。

隔日，在騎往石門的路上，陰鬱的天氣及大雨影響，4人坐困基隆老大公廟，為了完成抵達淡水的既定行程，一行人硬著頭皮往前騎。傾盆的大雨讓人無法向前，他們只好躲在便利商店共享一根黑輪與熱湯的暖意。眼見身體即將失溫，他們決定落腳三芝。走進三芝的麵包店，買塊麵包充飢並商借地方換上乾淨衣服，熱心的老闆娘卻提供他們一頓溫飽和一夜舒適的休憩所在。隔天離開時，老闆娘送給他們30多個麵包充飢，而這還只是他們發現臺灣良善人性的開端。

壯遊過程感受臺灣良善

旅程中，體力的流失讓他們愈來愈晚出發，騎夜路機會增多。

從二水往集集途中，4人在山路中拉成一條長隊，忽然有輛貨車靠近千惠。車上一位大哥探出頭對他們說：「少年ㄟ，環島喔，到我家來喝一杯茶！」經過小組討論，也看到大哥車上可愛的女兒，心想安全無虞，於是接受了邀請，前往大哥家休息。告別了熱情的大哥，一行人騎到集集火車站時，沒想到大哥竟在車站等他們，原來他從家裡帶著一盞車燈想借給因摔車而車燈壞掉的千惠使用。

沿途接受許多人的好意，讓成員有感而發。記得父母總是告誡，不要隨便跟陌生人說話或吃陌生人給的食物，臺北人的景明表示，原來自己可以和這麼多人相識且真心的聊天，非常難得。明偉也說：「他們的美好進入我的生命，我會記得他們為我指路、他們臉上的微笑、他們邀請我進入他們的生命，讓我有當神之子的感覺。」靠著他人幫助而完成行程，他們暗自許下心願，未來將盡力幫助他人。

・參訪臺灣歷史百景建築，讓成員們彼此激盪出對遺產保留與否的不同見解。

．實地採訪臺灣各地帶給車隊成員新的發現，左上為台糖虎尾總廠的小火車；左下為鹿港民俗文物館；右下為豐原舊山線大甲溪鐵橋。

由於是一支「文人」車隊，出發前也多抱持著將課堂所學印證於現實生活的想法，同時希望思索出空間與人的關係。

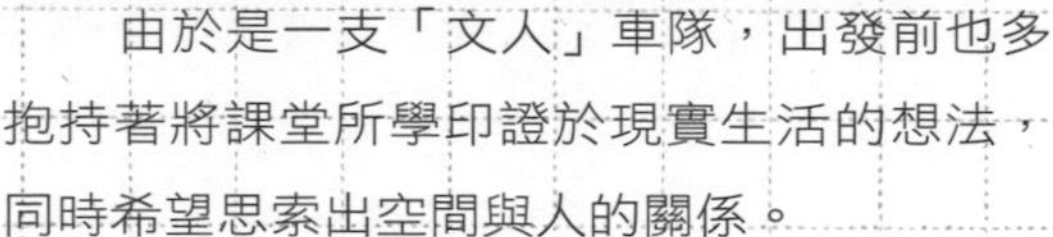

文人車隊見證歷史建築

在參訪「臺灣歷史百景建築」過程中，成員們彼此激盪出對遺產的保留與否，以及何謂保留，各自有著不同見解。

景明表示，一開始接觸百景建築時，會直接聯想到房屋，後來發現有很多面向是被忽略的，像是不老泉或是后里圳磚橋這類水利建築，尤其后里圳磚橋更讓他印象深刻。

后里圳磚橋只是一個不起眼的建築，然而一旦村子裡沒有這條橋，村民無法從他處引水使用，因此這座橋顯得意義非凡。而橋下垂降的繩子，可用來搭救落水者，是一個具有功能性且考慮周到的建築。明偉看來，這種懸空水道的設施展現著神奇的智慧。

千惠對於二水和南州這類氣氛溫柔的小鎮，帶著愛憐的感傷，她說：「隨著臺灣的發展，很多東西都遭到破壞，淳樸的小鎮只會逐漸消失，但事實上，很多被淘汰的東西才應該被保存下來。」她提到了南州知名的「巴黎旅社」。

．保存純樸風情的臺南保安車站。

．將單車推出去，勇敢的踩踏，就能得到意外的收穫。

創立於1973年的巴黎旅社，是當時當地罕見的3層樓建築，西濱公路尚未開通前，南州幾乎沒有遊客，僅有駐守的消防隊員和警察，於是鄉長要求當地仕紳將自家大宅改設為旅舍，為過路旅客提供下榻處，因此巴黎旅社正式營業。

30幾年過去了，當初的年輕人已成為年邁的阿公，多次想結束旅社的他，卻因鄉長勸說：「巴黎旅社關了，南州就永遠不能翻身了。」因此，他至今仍留守在櫃檯，堅持著能開多久就多久的承諾。

淳育認為，古蹟保存相當難以斷定，有時物品失去了價值，是因為不符合生存利益而遭受破壞。他們認為，私人經營的博物館或景點保存較好，因為興建出自各家之手，樣貌各有不同，並妥善保留特色。至於政府機關維護的歷史建築，因為觀光需求考量，以及共同發包及修繕，樣貌變得相似，像花蓮鐵道文化園區和舊酒廠，雖然屬性不同，但建築配色或經營方式卻雷同。另一處的關山舊火車站，重新粉刷後雖然美麗依舊，但商業氣息卻讓它失去了文化感動。

為下一段旅程整裝出發

從花蓮開始，從花蓮結束，不捨的壯遊旅程即將寫下完美的落幕，但這也是另一段人生旅程的新開始。

這趟單車旅程是否改變了車隊成員對臺灣的想法，花蓮人的淳育有感而發的說，過

去總認為得天獨厚的花蓮是全臺灣最漂亮的縣市，如今環島一圈後，這才發現，原來臺灣還有很多美麗的地方，等待大家一一探訪。即便是在此次行程中，雖然在暴雨及狂風的無情夾擊下，他們在行經石門時，一邊是海、另一邊是山崖，感覺像極了世界末日的冷酷異境，但是，當時天空所呈現的紫色光彩，卻給人一種氣氛詭譎的絕美感。

這一趟單車壯遊之旅對於景明來説，是生平最「立體」的一次旅程。小時候和家人出遊，或搭火車，或坐車，總是隔著一道玻璃欣賞著外面的世界，感受不太真實。然而，騎上單車卻讓他真正走進風景之中，每一個壯遊畫面都被他清晰地用雙眼、用心完善地保存了下來。

他説：「即使現在隨意抽出旅程中的其中一個片段，我都能清楚地描繪出當時的一切，包括光線、色澤，甚至與人互動的種種狀態。」千惠為此也深表認同。過去關於臺灣的點滴記憶，她都是透過大眾媒體的報導與介紹才間接了解，如今，卻是本身最真誠的接觸。此外，也因為戰勝了這趟旅程，讓她覺得自己變得更勇敢，也更有信心可迎向明天之後的未知挑戰。這也是此次單車壯遊過程中，每個人感受到的最大收穫。＊

後記

壯遊之後，關於未來的計畫，車隊成員們等待著在菲律賓服役的明偉退伍歸來，然後將再次踏上完整版的「臺灣歷史百景建築」之旅，將當初錯過的景點一一補齊。

對於希望踏上單車壯遊的人，他們只有簡單的一句話分享：「遲疑只是對於自己惰性的縱容，上路吧！」因為計畫趕不上變化，只要將單車推出去，勇敢的踩踏著，它就會帶著你一直往前跑，即使受傷了也一樣。

聽說、話說臺灣老油車

用單車寫下歷史紀錄

撰文／何儀琳 攝影／林志騏 圖片提供／Lavon車隊

團隊名稱：

Lavon

計畫名稱：

聽說、話說 臺灣一ㄡˊ故事

團隊介紹：

即將邁向3字頭的4位成員：蘇柏宇、林哲安、張博棣、李金都，為了找尋過去榨油業的歷史與許多油車地名的關聯，儘管油車行早已成為夕陽產業，但在臺灣仍有許多地名有著油車的影子，卻沒人記錄下它們。為此，成員透過親身造訪，在23天的旅程中，將故事留存下來，並與鄉村文化互動交流，希望日後能與更多人分享這些故事，了解過去是如何與大自然和諧共處，因此踏上此次單車環島。

臺北 2010/09/14
臺北→中壢

南寮漁港尋覓油車 2010/09/15
中壢→新竹

新竹 2010/09/16
新竹→三義

三義 2010/09/17
三義→臺中

雲林油車勘查 2010/09/18
臺中→北港朝天宮

北港
2010/09/19～2010/09/20
訪問榨油老師傅，與產銷班、農會討論傳統榨油議題

臺南 2010/09/21
北港→臺南

高雄
2010/09/22～2010/09/24
臺南→高雄油行

總里程數
960.5 km

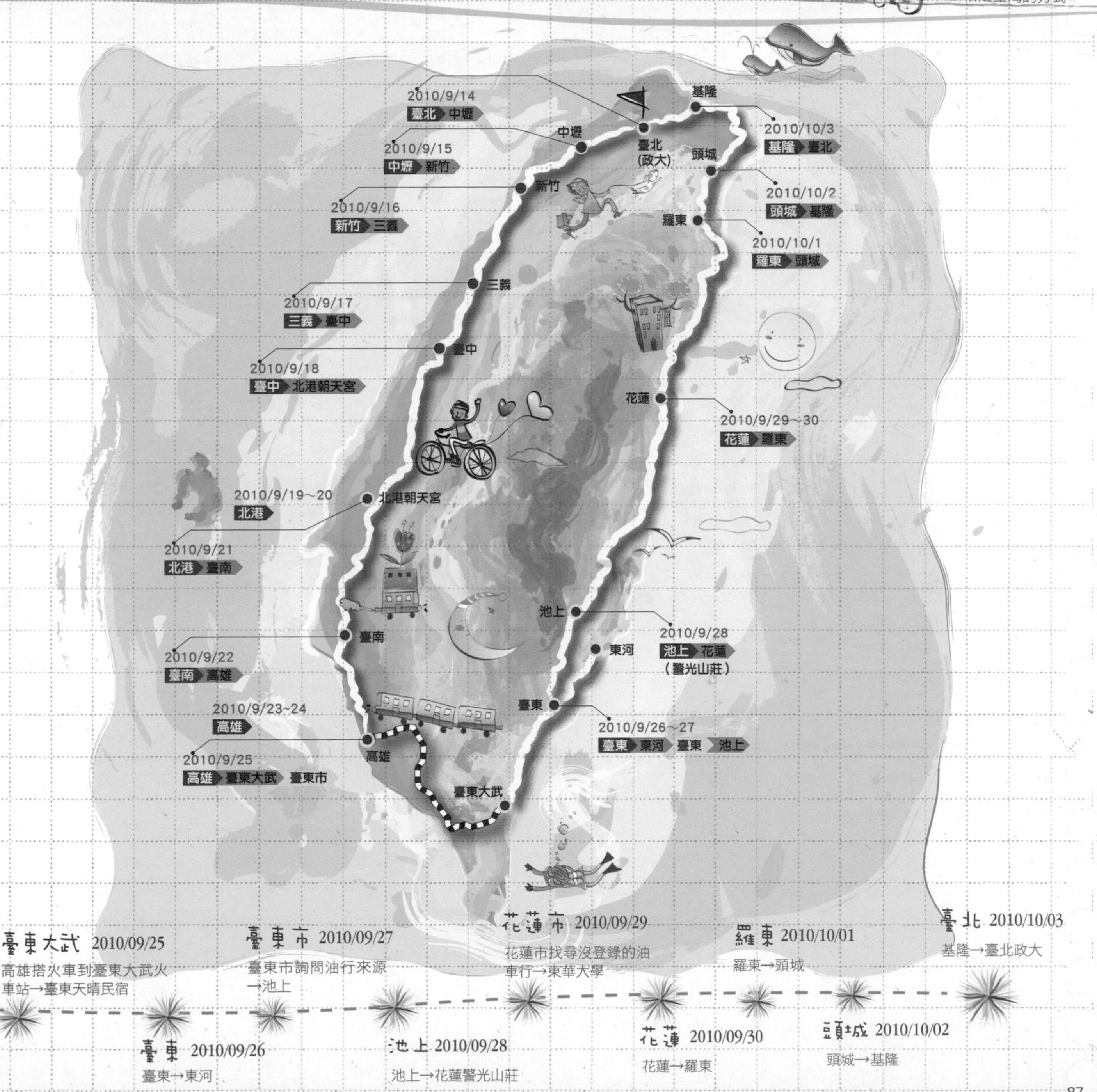

2010/9/14
臺北 中壢
2010/9/15
中壢 新竹
2010/9/16
新竹 三義
2010/9/17
三義 臺中
2010/9/18
臺中 北港朝天宮
2010/9/19～20
北港
2010/9/21
北港 臺南
2010/9/22
臺南 高雄
2010/9/23~24
高雄
2010/9/25
高雄 臺東大武 臺東市
基隆
2010/10/3
基隆 臺北
中壢
臺北
(政大)
頭城
2010/10/2
頭城 基隆
新竹
羅東
2010/10/1
羅東 頭城
三義
臺中
花蓮
2010/9/29～30
花蓮 羅東
北港朝天宮
池上
2010/9/28
池上 花蓮
（警光山莊）
東河
臺南
臺東
2010/9/26～27
臺東 東河 臺東 池上
高雄
臺東大武
臺東大武 2010/09/25
高雄搭火車到臺東大武火車站→臺東天晴民宿
臺東市 2010/09/27
臺東市詢問油行來源→池上
花蓮市 2010/09/29
花蓮市找尋沒登錄的油車行→東華大學
羅東 2010/10/01
羅東→頭城
臺北 2010/10/03
基隆→臺北政大
臺東 2010/09/26
臺東→東河
池上 2010/09/28
池上→花蓮警光山莊
花蓮 2010/09/30
花蓮→羅東
頭城 2010/10/02
頭城→基隆

．用壯遊的挑戰精神，親身體驗，是就讀臺灣史研究所的Lavon成員，給自己的考驗。

「對於臺灣，我們究竟有多少認識？」這個問題在就讀政大臺灣史研究所的蘇柏宇、林哲安心中不斷盤旋，即將面臨3字頭的年紀，就讀的又是以臺灣為對象的歷史研究，卻從來沒有機會親身體驗臺灣，因此，他們始終覺得自己在這個階段應該還能做些什麼。

帶著想要壯遊的挑戰精神，加上課業上對臺灣歷史的情感與期待，他們與就讀東華大學歷史系時認識的室友張博棣及學長李金都，4人攜手邁向這一趟以尋找臺灣早期榨油行業歷史記憶為主的單車旅行。

計畫與變化間的不安

車隊共有4個人，但因為成員面臨當兵、就業與學業問題，時間始終無法湊在一起，最後，他們決定利用暑假，除了柏宇騎完全程外，其他3個人採接力方式進行挑戰。但是，這樣的安排也為此行增添更多變數。

・走訪臺灣傳統榨油產業為地名的地點。

・傳統手工榨油的老師傅，重現昔日細膩工法。

出發的第一階段，由柏宇跟即將入伍報到的學長李金都打頭陣，從臺北出發沿西部往南行至臺中，一開始的計畫是每天騎行約50～70公里，孰料，原本自認體力不錯的李金都，實際上路後的速度卻不如預期，每天大約只能騎行15公里，也因此嚴重壓縮了下一段行程的時間。

下一個階段由哲安接力，從臺中啟程，他與柏宇2人拚命趕路，也因為在努力的追趕進度，從臺中到北港的這一段路，2人都沒什麼印象，哲安不好意思地說著。驅策著2人勇往前行的，其實並非僅因既有的行程規劃，對哲安而言，此行還擔負著為論文收集資料的重責大任，對於路過的風景無心欣賞，只是想多留些時間在北港探查。

此趟單車壯遊除了希望能順利完成環島外，停留地點的決定也因哲安的論文而定。雖然計畫主題以探訪臺灣傳統榨油產業為地名的地點為主，期望能夠從這些地方找到蛛絲馬跡，看到傳統榨油業所留存的曾經及其興盛時的痕跡。

消逝的傳統榨油產業

當哲安與柏宇來到探訪重點之一的北港，2人懷著興奮的心情到處詢問，期望在這早期為五穀雜糧集散地的老城鎮中，問到傳統榨油的相關事蹟。但是花了2個小時，問了當地許多耆老，大家連老地名「油車」的地點所在全都一無所悉。

在北港訪查的結果，帶給就讀臺灣史研究所的哲安與柏宇很大衝擊，明明書本上記載著，曾是臺灣18世紀中葉相當興盛的榨油

業，在極盛期還出口外銷到福建等地，如今居然連代表這個行業集散、製造的地名，幾乎都不復見？這樣的結果不但是始料未及，也大大打擊他們的信心。原來最有把握的地點，都難以找到榨油業的遺跡，之後又會遇到何種狀況？

所幸，他們在北港也並非一無所獲。經過當地一位油商的介紹，輾轉在北港附近找到一位現在還在用手工榨油的老師傅。哲安描述當時情境：「師傅的榨油器具，除了榨油用的壓桿改用不銹鋼，其他的工具都是木頭做的，跟書上的一模一樣。」而這位80幾歲的老師傅，恐怕是臺灣碩果僅存還在用手工製作花生油的生產者，每日產量也不過20～40公升，在他們的採訪過程中，也不斷看到有人專程前來購買香濃的花生油。

訪問後，柏宇也跟師傅買了一瓶手工花生油，他笑著說：「真的跟現在常見的口味不太一樣，很香，而且味道獨特，拿來炒菜味道怪怪的。」或許傳統的老滋味並非所有新世代都能接受，但對他們來說，看著老師傅專心一致的手工榨油過程，令這瓶花生油有了更高的價值，因為他們看見了屬於舊時代的細膩工法與專注精神。

旅途中面對的新考驗

離開北港後，哲安與柏宇繼續面臨趕進度的壓力，但是屋漏偏逢連夜雨，就在離開麻豆不久的路上，哲安的單車爆胎了。雖然出發前曾經預測可能會遇到這個狀況，也帶了工具備用，但沒有經驗的2個人，也因為帶的工具不合用，著實花了一番功夫才把輪胎卸下來；也幸好有其他車友的協助，最後才順利將輪胎修好，終於可以再出發。

除了體力、車況外，天氣狀況也影響了他們的行程安排。哲安與柏宇騎到臺南後，由博棣接替哲安繼續行程。原本打算從高雄一路走南迴公路繞過屏東到臺東，但騎到高雄時，正好遇上颱風來襲，柏宇跟博棣臨時改變行程，改搭

・除了考驗體力，車況也影響行程。

・旅途中須面對不同的考驗，溝通可讓彼此想法更清晰。

南迴鐵路前往臺東。他們從高雄搭火車到大武，跟著觀光團搭接駁車，這一段難得輕鬆的優閒感，也讓他們的心情更加愉悅。

4個不同個性的年輕男孩，都有自己的特點，負責規劃行程的柏宇，總是隨遇而安，而行事較嚴謹的哲安，無法忍受計畫外的狀況發生。在這次旅行中，柏宇跟另外3個旅伴都有較長時間的相處，他坦言：「經過這次旅行，才知道原來人跟人之間不是那麼容易溝通。」

在行程與旅途中，彼此間難免想法不同，也有所抱怨，但是重點在於確定對方的心意，例如他跟博棣最後從宜蘭往臺北的路程中，有幾天因為行程起了爭執，後來他終於了解，原來博棣希望能早點抵達臺北，才不會一回到臺北就必須面對工作壓力，經過溝通後，也消弭了彼此間的緊張氣氛。

對生命與土地的省思

同樣的路程，即使有相同的經歷，對不同背景的旅人而言，卻具有不同的省思。

帶著焦慮與緊張奔騎西南部的哲安，除了尋找論文中的資料與印證書本上的記述之外，最大的震撼來自於西南部的景色。「這一段路騎起來的感覺跟我想像的有差距。」他以為，原本會看到的是一段沿著海濱騎乘的風景，沒想到只見到一片片廣大無際的養殖場、水田，「路上沒有人，也看不到海，只有遠處的房子。」對於西部的景色，哲安用了「荒涼」來形容，村落裡大多是老人與外籍媳婦，大家都只開車經過，沒有人停下來。西南部對於哲安而言，「就像邊陲中的郊區，大家應該要更關心西部的發展。」

而讓柏宇感受深刻的景物則在臺東，他看見了許多年輕人返鄉開設民宿，使得原本人口外移嚴重的臺東，因此注入年輕活力，彷彿有了新的開始。這一路上，也讓柏宇對自己的未來有了更多思考，在旅途中結交的朋友也影響了他，例如因為朋友的推薦，讓他騎到一半跑去買了一本書《忘記憂愁的地方》，看到作者將自己的情感說給別人聽，「重要的不在於書中主角去了哪些地方，而是跟誰去？還有，他在途中發生了什麼事情？」柏宇認

‧原本單純的壯遊想法，卻讓這群年輕人獲得更多的生活體驗。

為，這讓他對自己的旅程有更多期待。

這一群年輕人的暑假單車壯遊，旅程的開始是從哲安的論文蒐集出發，他希望自己的研究能夠親近生活、貼近人群，因此才催生了這段旅行，但是從中所獲得的，卻遠遠超過他的期待。

例如在北港，他感受到濃厚的人情味，從小吃店老闆到地方上的文史工作者，大家都關心著他們是否找到油車的老歷史。在臺南的安定鄉，許多傳統行業依然存在，跟人的生活持續發生關係。「我們是從學術為出發點來觀察社會，雖然傳統產業會轉型，但記憶卻可以被保存。」這也是歷史對人類文明之所以重要、值得被學習的原因。

除了哲安外，柏宇也正考慮與朋友合作開間特色民宿。這一路上，他住過許多民宿，體驗了許多不同的交友方式，對於民宿他已經建構自己的想法。此外，他也希望成立個人工作室，藉由寫書，讓更多人關注文史哲學的議題，也讓自己成為不跟社會脫節的文學作家。

挑戰自己勇於面對磨難

對於這次的挑戰，哲安跟柏宇都認為，如果能夠重來，有很多可以改進之處，過程也可以更周全。

柏宇認為，除了時間匆促外，由於4個人都沒有長途的單車騎乘經驗，「但是想做就去做啊！做事比批評更困難。」積極的柏宇透過壯遊學習到，凡事必須詳加計畫與準備，而且不可小看大自然的力量。

一旁的哲安也附議，對自己將要做的事情要有熱情，才能在困難的時刻知道自己所為何來，才能堅持下去。他認為，除了周全的準備工作外，凡事還要先做最壞的打算。就像旅程中發生的爆胎事件，就差點讓人心生放棄；但是，如果帶對了工具，也知道正確修理方式，就不會發生忙了2個小時還卸不下一個輪胎的窘況。

「壯遊是挑戰自己，讓自己勇於面對磨難，並且盡力完成，這樣的收穫才是自己的。」柏宇在這次的挑戰中有了這樣的體驗。此次的單車壯遊計畫對他們而言，每個人所獲得的都不盡相同，但相同的是，壯遊不再只是虛幻的旅遊夢想，而是人生經驗中的一部分，也是他們一起在30歲之前共同完成的珍貴記憶。*

後記

單車旅行與田野調查所踏的路線或許不同，而西部和東部給人的感覺差異性也非常大，同樣的70公里，西部顯得相當漫長，東部卻充滿自然之美，偶爾經過幾個小聚落，停下腳步「慢」遊，遠比在西部總是尋覓便利商店作為休息點差別很多。

在此次行程中，最值得推薦的一段路線，或許是193縣道和臺2線的沿海公路，也可能是因為雪隧開通後，人潮遠離了，卻反而成為單車環島的優美路線，令人難忘。

柑仔隊找回童稚之心

單車輪線串聯的人情地圖

撰文／**彭欣喬** 攝影／**楊文卿** 圖片提供／**柑仔隊車隊**

團隊名稱：

柑仔隊

計畫名稱：

柑仔店大串聯

團隊介紹：

10天的旅程中，藉由騎單車循著鄉間小路，吳玲華與鄭雅文一步一腳印的建立起屬於自己的柑仔店資料庫，其中包含地址、相片和老闆間的互動等等。雖然現在有許多仿古的小店興起，但她們堅持記錄最初始的雜貨店，這類的柑仔店其實沒有太多裝飾，就是這麼的樸實，讓她們決定用此寫下屬於臺灣的人情味和感動。

元長 2010/09/02
東海大學→員林→虎尾→元長（臺1線）

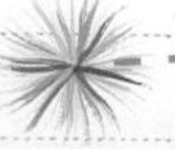

高雄 2010/09/03
元長→鹽水→臺南→高雄（臺19線）

大武 2010/09/04
高雄→東港→小琉球→東港→林邊→大武（臺17線）

臺東市 2010/09/05
大武→太麻里→臺東市（臺9線）

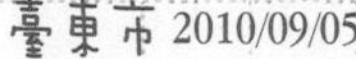

玉里 2010/09/06
臺東市→關山→玉里（臺9線）

總里程數
693 km

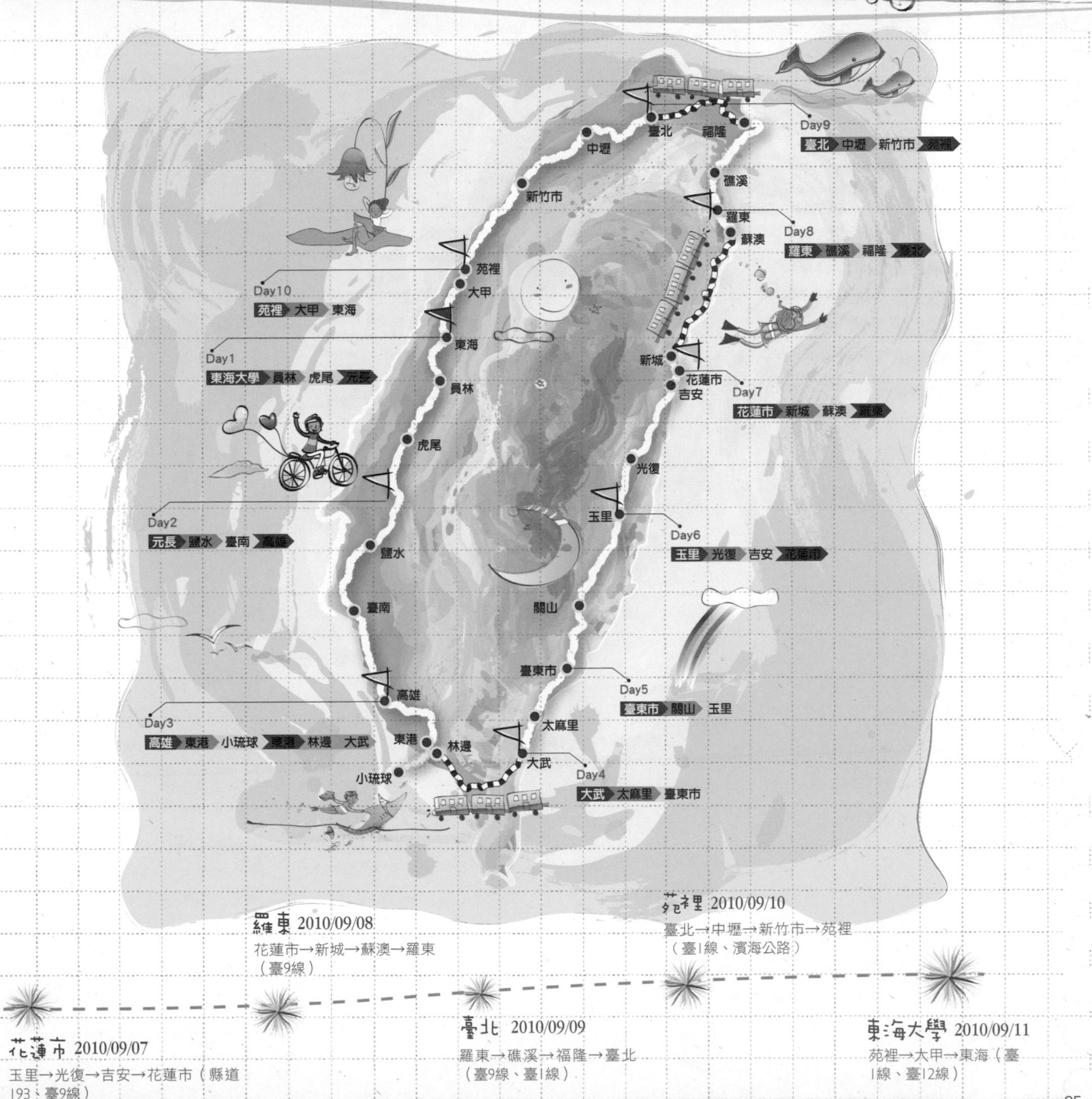

花蓮市 2010/09/07
玉里→光復→吉安→花蓮市（縣道193、臺9線）

羅東 2010/09/08
花蓮市→新城→蘇澳→羅東（臺9線）

臺北 2010/09/09
羅東→礁溪→福隆→臺北（臺9線、臺1線）

苑裡 2010/09/10
臺北→中壢→新竹市→苑裡（臺1線、濱海公路）

東海大學 2010/09/11
苑裡→大甲→東海（臺1線、臺12線）

．將昔日對雜貨店的回憶付諸於壯遊行動中，雅文與玲華將這一趟旅程當作送給自己的成年禮。

第9天，也就是此趟行程的最後第2天，從臺北到苑裡的路途上，原以為單車壯遊即將畫下圓滿句點，卻遇上此行最長的旅程、最強的逆風，再加上沒有搭成從竹南前往苑裡的火車，柑仔隊成員們只得摸黑在濱海公路上奮力前行……。

在這條沒有路燈的公路上，每個風吹草動都讓人覺得鬼影幢幢，在伸手不見5指之下，別說看不清楚前方，甚至連在路邊搭便車的可能性也近乎零。或許是所有好運都已用盡，對這支沿途只爆過一次胎，行程幾乎可以用順利來形容的車隊而言，萬萬沒想到此行最大挑戰竟出現在快完成前！

「退出就請客」的強心針

笑起來一臉燦爛且充滿喜感的鄭雅文和吳玲華，2人是東海大學同學，同系卻不同班、大一同宿舍卻不同房，然而因為喜歡串門子及老不愛睡在自己房間的玲華，使得2人的生活有了交集，也因此成為超級好朋友。

她們2人喜歡冒險、熱愛從事大部分女生不熱中的運動，再加上個性刻苦耐勞，常結伴進行少天數的旅行，偶爾騎腳踏車當作休閒活動，雖然之前想騎單車壯遊，卻始終只是說說而已。直到大三升大四的暑假，她們發現再不做，以後恐怕就沒有機會了。

．愛冒險的鄭雅文。

．樂觀活潑的吳玲華。

雅文說：「大三時曾有一位大陸交換學生邀請我一起去東部騎車旅行，當時沒去，後來覺得很後悔。人家來臺灣不到幾個月就將希望付諸行動，我在臺灣土生土長卻反而沒這麼做。」玲華和雅文下定決心出門闖蕩，為了激勵彼此，2人還下了賭注，「半途退出者必須請對方吃大餐！」

有了決心，接下來需要的是全盤的計畫。在都市長大的雅文表示，隨著年紀增長，昔日童年中重要的雜貨店卻越來越少，她語帶惋惜地說：「小時候一拿到零用錢就會衝到對面的柑仔店買幾顆糖果或者抽籤，那種滿足感可以快樂一整天，甚至有時雜貨店的婆婆還會請我們吃糖果。不過隨著時間流逝，阿婆過世了，雜貨店也關了，每每看到新開張的便利商店，就會想起親切的阿婆，這是再多『您好，歡迎光臨』也取代不了的美好回憶。」

玲華則因為阿公在老家開雜貨店，放假回鄉時總喜歡膩在店裡東翻西碰，因此對柑仔店也存在著某種特殊情感。因此，2人決定展開一場屬於她們的古早味雜貨店尋訪之旅，當作送給自己的成年禮。

一步一腳印的柑仔店

10天的單車行程，她們決定在全臺的北、中、南、東各挑出2家具特色的古早味雜貨店。出發前忙著進行「人肉搜索」的2人，麻煩親友先提供資料，其他未搜集完善的，則沿途請當地人介紹。

隨著時代發展，傳統柑仔店也面臨經營的轉型。玲華有感而發地說：「其實現在很多雜貨店裡賣的東西都差不多、被同化了，產品也相當現代。還好我們在鹽水發現一間很有特色的雜貨店，位於菜市場內，擁有近80年歷史，因為配合當地人生活，清晨4、5點就要開店做生意，下午3點多就打烊，店內堆滿當地特產的生意麵和國外進口的乾貨。」雅文附和著說：「對啊，而且顧店的阿婆還請我們吃炒花生，還聊起了當年躲炸彈的情形，讓我們深刻感受到臺南人的古樸與熱情。」

隨後抵達臺東時，原以為會發現很多具原住民特色的雜貨店，沒想到卻希望落空。失望的她們向當地員警打聽，原來部落裡的柑仔店大多都已漢化了。然而皇天不負苦心人，邊踩邊踏的2人終於在太麻里一所國小的對面，發現了一間可愛的原住民雜貨店。玲華笑著說：「老闆娘是一位原住民，長得濃眉大眼，很漂亮，可是看起來很兇。剛開始閒聊時，她還放不太開，熟一點後，話匣子一開，和我們分享開店的趣事。」

因為原住民喜歡喝酒，雜貨店內的小米酒存放量比其他地區多。雅文說：「由於這家雜貨店離國中和小學很近，所以有些小朋友會來買菸或酒，但都會被富正義感的老闆

・舊時的雜貨店什麼都賣，充滿著人情味。

娘制止，她堅持做對的事！」

另一間令人印象深刻的雜貨店，是位於北埔的「朝枝商行」。歷史悠久的朝枝商行，從日治時代便已開業，而讓人驚訝的是店內年輕的老闆娘。

這間店是老闆娘阿公開的店，店名用的就是阿公的名字。為了讓這間充滿她兒時回憶的雜貨店能夠繼續經營下去，老闆娘辭掉了外地的工作，回鄉接手經營。店內無論是收銀臺、貨物架或店門口的豬肉攤，都是數十年歷史的老骨董。老闆娘更帶2人走入倉庫，堆放其中的瓶瓶罐罐或是老招牌，無一樣不是寶。

・柑仔店令人重溫兒時歡樂。

・沿途只爆過一次胎，行程相當順利。

溫暖人情味延宕行程

除了拜訪古早味雜貨店帶來的樂趣，旅程中同樣趣事不斷，2人在淡季時入住玉里溫泉旅社，得以獨享露天浴池，一邊泡湯一邊大啖甜點，卻因為晚餐吃太飽而只能做做樣子。行經花蓮風光明媚的193縣道時，為了排解騎單車的無聊，幼稚地找上一旁經過的農車「競速」，雅文說：「駕駛農車的阿公一定覺得我們像神經病一樣鬼吼鬼叫。」雖然柑仔隊贏了，卻也付出腳痠到爆的代價。

可以稱為福星的她們，不但沿途有人請客，想搭便車時也沒超過20分鐘；就連唯一的一次爆胎，也因為遇上認識的車友而獲救……。對於這樣的幸運，玲華說：「臺灣人真是太好了！有時在路邊躲雨，會有人叫我們進去室內躲雨並請吃東西；有次行經臺東想在路邊買釋迦，沒想到老闆和雅文媽媽同鄉，在路邊聊了一個小時後，老闆不但請我們吃釋迦，還請我們吃冰。」在企畫提案中將減肥列入目標的隊伍，因此破了功，「我其實很後悔，沒有隨時揹著體重機！」

因為溫暖的人情而延宕行程，一個鐘頭或許不算什麼，但超過3個鐘頭也未免太誇張。雅文說：「我們在花蓮和農車阿公競速後，看到一座漂亮的派出所便在前面休息，警察特地跟我們說：『進來坐！休息不用錢！』盛情難卻之下，我們就進去休息，才知道這是大名鼎鼎的春日派出所。他們請

我們喝飲料，一早出發的我們離開時已快中午，沒想到，休息後反而更累。」

玲華說：「全臺很多派出所都會設立留言板，方便環島者留言，並提供舒適的休息環境。春日派出所是其中最早提供此項服務者，並設有很棒的淋浴設備，相當方便。」

賭一口氣的無比勇氣

不過沒有遇上困難，就稱不上壯遊，單車環島，多少得受到挑戰洗禮才珍貴。她們一路順利地騎到了新竹，還開開心心吃了潤餅和摃丸，但是到了竹南火車站後，這才發現沒有火車可以搭往苑裡，只好硬著頭皮摸黑騎上濱海公路。

玲華心有餘悸地說：「沒想到最後才遇上困難，濱海公路上漆黑一片，我怕黑、怕鬼，真是嚇死我了，還好有雅文陪我。」於是2個愛冒險的女生，這下可嘗到了刺激感。難怪她們都表示，這趟旅程中所有想玩、想看、想做的事，她們都做到了，因此沒有任何遺憾。

沿途吃吃喝喝、走走看看，笑鬧中她們對臺灣有了不同的認識。雅文說：「很多人都說愛臺灣，但是要真正環島走上一遭，才能發現它的真正面貌。以前我看朋友去花蓮

造訪傳統柑仔店，也更深入了解臺灣。

海邊玩所拍的照片，都以為他們技術很好，自己走上這一回後才知道，其實東部海岸本來就很漂亮。」

玲華忍不住插嘴說道：「是啊，我用手機拍就很漂亮了。而且讓人驚訝的是，東部的道路居然比西部還平坦，再加上好山好水的好景色，騎起來好舒服，許多地方都讓人想長住下來。雅文還沿途撿死掉的蝴蝶做標本，因為這裡有好多其他地方都看不到的漂亮蝴蝶！」

實際經過一趟單車環島之旅的洗禮，她們認為像這樣的旅行，其實成員人數可以不必多，如果同行者個性相同，還可以省去大量相互溝通的時間，畢竟，騎單車旅行的本質就已經夠辛苦了，如果還得加上其他額外心力的耗費，行程便倍增艱辛。

不過雅文倒是建議，如果情況允許，不妨找一位男性車友同行，不僅夜騎時比較安全，若過程中有抬車需求時，也方便多了。此外，她還特別點出：「有時單車旅行是一件很孤單的事，特別是行進中只能一直騎車，因此要懂得自己隨時隨地找樂子，例如我們就會跟農車競賽。」

因為這趟單車壯遊旅程讓她們變得更大膽，也令她們領悟出了，「做了再說，錯了再改」的道理。面對未來，她們殷切的計畫著，希望下次可以跳上別人的車，在將來展開一趟搭便車的環島之旅。＊

後記

這是充滿驚喜與挑戰的旅程，永遠不知道明天會遇到怎樣的人，會碰上逆風或下雨，會遇到怎樣的突發狀況。回想起來，很慶幸我們沒有中途放棄，雖然真的很累，全身痠痛，但每當我們遇到熱心的人、吃到美味料理，或者看到壯麗風景時，這些疲勞都值得了。我們秉持「做了再說，錯了再改」，不曾因為騎錯路而吵架，因為每個決定都是一起做的，錯了沒關係，重新出發又是一個新的開始。感謝夥伴的加油，如果沒有彼此的扶持，絕對沒有在黑夜騎車的勇氣。

聽風看雲聆聽天籟之音

單車壯遊譜出人生旋律

撰文／**廖威祺** 圖片提供／**聽風、看雲 Follow Me車隊**

團隊名稱：

聽風、看雲 Follow Me

計畫名稱：

尋找來自天上的聲音

團隊介紹：

林俐吟、彭彥棋、楊士毅皆從事藝術工作，包括影片製作、網頁或平面設計及音樂創作，平時喜歡接觸大自然，從中感受與分享來自大自然給予的喜悅和靈感。成員靠己力征服南投縣信義鄉的一個個陡坡，拜訪將近9個部落，和布農族原住民一起生活，並尋找來自天上的聲音——八部合音，也登上人生第一座百岳。在放慢腳步的17天行程中，聽到了來自天上，卻又最靠近內心的感動和單純之音。

臺北 2010/10/28

臺北→南投→水里

南投 2010/10/29

水里→明德部落

明德部落 2010/10/30

明德部落→羅娜部落→久美部落→望鄉部落

望鄉部落 2010/11/05

望鄉部落→同富部落→望鄉部落

望鄉部落 2010/11/06

望鄉部落→同富→東埔

總里程數 265 km

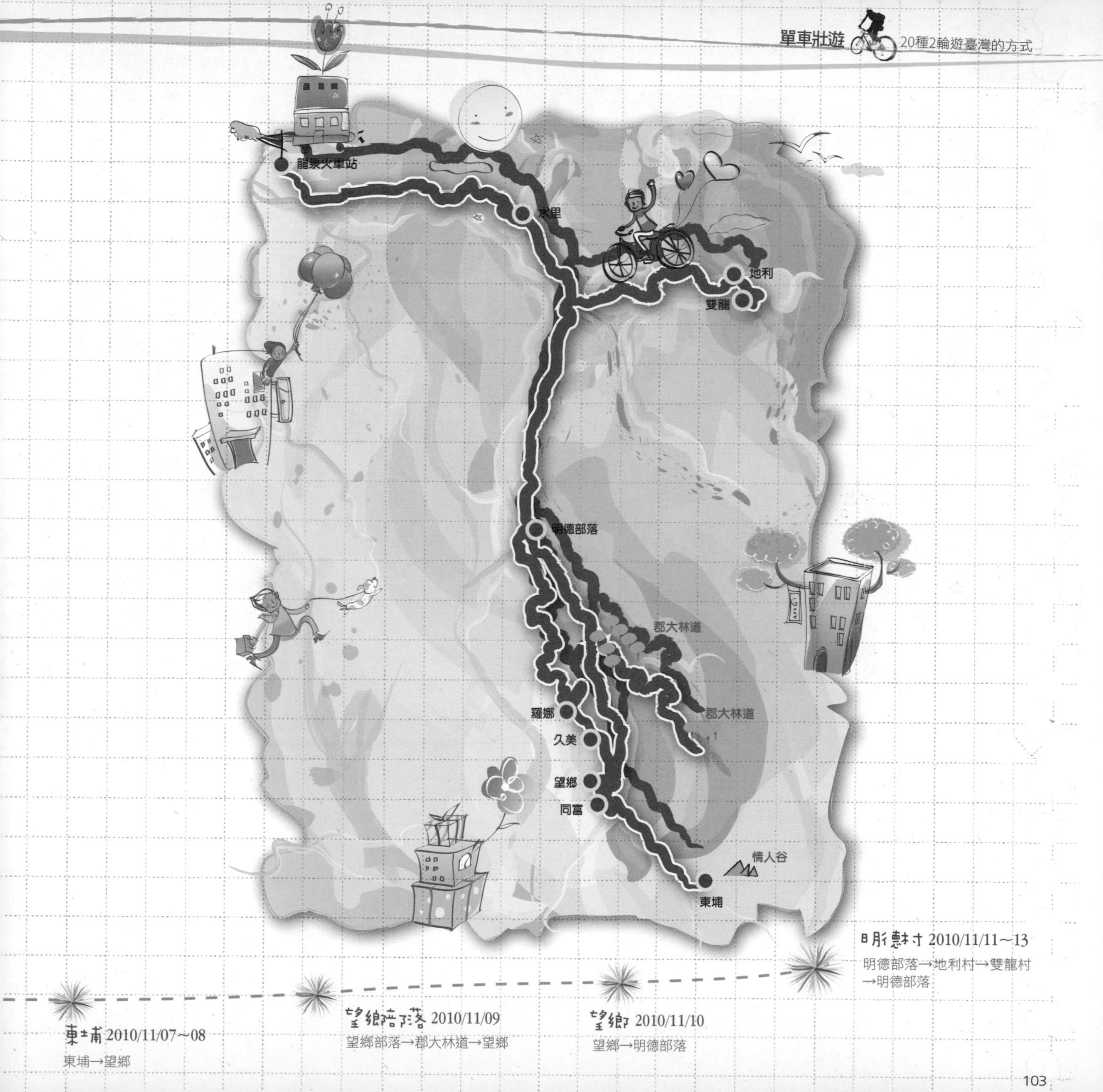
龍泉火車站
水里
地利
雙龍
明德部落
郡大林道
郡大林道
羅娜
久美
望鄉
同富
情人谷
東埔
東埔 2010/11/07~08
東埔→望鄉
望鄉部落 2010/11/09
望鄉部落→郡大林道→望鄉
望鄉 2010/11/10
望鄉→明德部落
明德村 2010/11/11～13
明德部落→地利村→雙龍村
→明德部落

一支充滿文藝氣息的車隊，致力找尋來自天上的聲音。

「這次見面，下一次不知何時才會見到你……，」許久以前，「聽風、看雲Follow Me」車隊隊長彭彥棋，在屏東西魯凱族舊好茶部落，聽過小獵人說過這一句話。時空移轉，多年後的一日，在南投望鄉部落中，一位85歲的老獵人，在車隊準備離開時，也給了他們這樣的感覺。

從道別的依依不捨，到整個車隊沒入夕陽的盡頭，老獵人依舊直挺挺站著，輕輕揮手，堅定的望向遠方，目送著他們離開。「不知道何時會再見面，把你們當成朋友，珍惜這樣的緣分。」耳邊似乎回盪起八部合音的吟唱，在山野擁抱下，想起這些日子以來相處的時光，眼淚不禁流了下來……。

文藝車隊 感動啟程

2000年，美國大提琴家大衛．達令（David Darling）來到南臺灣的深山裡，初次聽見布農族孩童純淨的歌聲，深受感動。「那一天，我的大提琴沉默了。」他說。2年後，他返回原住民部落，心中醞釀著一個史無前例的音樂計畫：用他的大提琴與布農族的歌聲，開啟一場音樂對話。

導演沈可尚將過程拍成紀錄片《親愛的，那天我的大提琴沈默了》。從紐西蘭留學回來的林俐吟，和團員楊士毅及彭彥棋看過之後，在心中留下深刻印象。「青輔會當時提倡的單車壯遊臺灣活動，是由我們另外一個隊員，彥棋的學長楊士毅告訴我們的，因此，我們就一起申請了這個『尋找來自天上的聲音──八部合音』計畫。而這個關於聲音的計畫，都是受這部紀錄片的啟發。」

3個人都是藝術背景：士毅現職為導演，曾得過金穗獎，也入圍過金馬獎最佳短片；從國中就到紐西蘭留學的俐吟，學的是電影與行銷，也替士毅的作品配樂；彥棋目前的工作是廣告設計，對於影片創作亦有濃厚興趣。3個人，一支充滿文藝氣息的車隊，毫無壯遊經驗，說出發就出發。

．士毅與彥棋。

．團員中唯一的女性俐吟。

單車「慢」遊 體驗生活

自嘲不能稱得上是壯遊，和一般車隊不同的是，這組車隊以「慢遊」為行進方式。「我們的行程很慢，一天能走上30公里算是多的。其實剛開始我也很趕，每天都在盤算里程數，以及是否能在預期時間內到達目的地而擔心；但他們2個男生喜歡拿著照相機與攝影機，東拍拍、西拍拍，連路邊看到一朵美麗小花也佇足良久。後來發現，我們所謂的壯遊計畫非以征服為目的，而是用心感受周遭的一切，包括與人的相處和大自然的接觸，才把腳步放慢了下來。」

走走停停，甚至為了在南投信義鄉，與部落浸淫更多的時間，捨棄掉原來規劃好的臺東行程。「我們在信義鄉的部落裡待了3天後，隊員最後一致決定留下，深入原住民生活中，也等於為我們這次壯遊的節奏定調。」俐吟說。慢慢來、隨性，是一種很原住民的生活方式。

布農族的「八部合音」（Pasibutbut），是一首在每年2月播種祭（Minpinan）之前，布農族內的5大社群（郡、巒、卡、丹、卓）中，只有在郡社與巒社群人，傳唱的祭歌。就布農族傳統的習俗來說，是在族人舉行打耳祭後，為祈求來年豐收所進行的祈天儀式。由於小米是布農族最重要的作物，因此，來年小米是否能有好收成，端賴嗚唱之間和諧與否。由於演唱的繁雜性與禁忌，無形中增添了很多神秘感及不同的解釋。

「八部合音」由長老領唱，音域低沉，另外2部則陸續加入合唱，音域才逐漸爬升，直到3部合聲達到最高音階，合唱才算完整。「八部合音」也與原住民古老的生活結合，模擬了來自大自然各種元素的聲音，諸如瀑布水流、風聲、土地及蟲鳴鳥叫等。

以往傳統小米豐收祭典的舉辦大都在11月，後來為了統一各布農部落的節慶時間，已改到5月。對於冬天才展開單車壯遊計畫的他們，本來擔心錯過了欣賞「八部合音」的機會，所幸在幾經波折之下，終於在明德部落的教堂內聽到這天籟之音。

深入原住民的生活，讓人深刻體會原住民的傳統。

八部合音 震撼人心

那時適逢信義教會的60週年慶，「八部合音」成了表演節目，而並非真的為小米豐收所唱。他們在村民排演時聽了一場，慶祝會當日完整欣賞整段表演，並將之錄音起來。

隊員們直說實在是太令人感動、也太幸運了！每個歌唱者面容歷經滄桑，但專注發出的聲音卻簡單且純淨。餘音不只繞樑，

・布農族獨具特色的美聲。

・小朋友練合唱神情專注。

・教堂內的主日學表演，歌聲彷彿一則則故事。

還向四周渲染，直達每個人內心。雖然之後可藉由當初的攝影看到影像與聽到聲音，但是近距離的現場聆聽，那共鳴與震動不僅令人全身起雞皮疙瘩，久久都無法忘懷。

每個部落的「八部合音」各有差異，明德部落由於教會力量的凝聚，再加上部落人口外流不嚴重，合唱聚集了老中青，演唱時間也較久。原來各部落的「八部合音」各有不同呈現形式，有的短短2分鐘就結束，有些唱頌音調有些不同。部分部落的合音已逐漸失傳，因老人不肯傳承，怕年輕人學了，搶了他們賺錢的飯碗，自己沒有舞臺，或者青壯年人口外移等因素，合音中少了壯年的活力，老人們一一凋零，弔詭地形成斷層。

此外，讓隊員留下深刻印象的，還有「古調」。「古調」類似客家山歌，是以原住民唱出的語言與旋律，搭配聖經故事歌詞，記錄族人的歷史軌跡。許多小朋友也會唱「古調」。每晚傳遍整個村落的廣播，也請小朋友到教堂練合唱，於主日學時表演，那歌聲彷彿是一則則故事，引發無限想像。

深入部落 體會傳統

不同於其他車隊，他們在南投信義鄉停留了好長一段時間，11個村落至少造訪了9～10個，其中以明德與望鄉部落最為深入。

彥棋笑說，自己從都市人快要變成原住民了，且漸漸習慣山野的生活與行為模式。「我們還是要做一些田野調查，每次和村民約訪，他們會說早上在那裡見，不說幾點，也不一定會出現；若有碰到就採訪，沒碰到就算了，非常隨性。」

2個男生適應得很快，不在乎睡髒的

床，幾天沒洗澡也沒關係，尤其是士毅，沒有都市人的防備心，隨遇而安，打從心底分享自己的感受，很容易與村民打成一片。俐吟談到自己剛開始很不習慣，甚至是排斥。而一次解除防衛的改變，是在夜裡尚未抵達目的地，還在霧裡迷航的故事開始說起。

「卡在半路上不知如何是好，最近的民宿不曉得在何處，無人可問。看到一輛吉普車從遠處靠近，我們趕緊招手攔車，一位婦人問我們需不需要幫忙，還要帶我們去民宿。講實話，當時心裡有些戒備，想說不知道會被帶到哪去。到了被稱作二嫂開的民宿後，她還到山下買東西給我們吃且不收費，一方面覺得感動，但卻又帶點懷疑的想法，覺得怎麼會有人這麼好？倒是彥棋與士毅有了落腳之處，聽到有東西可以吃，高興得不得了，我卻擔心民宿的價錢或乾淨與否。」過去在西方受教育，俐吟因膚色而覺得自己是外來者；返臺後，因從國外回來而顯得格格不入。但是透過此次單車壯遊過程中的點點滴滴，她初次感受到原住民的熱情招待，也對於個人的防衛心過強而感到慚愧。

・原住民朋友熱情的款待車隊成員們。

・壯遊行程中的高山攻頂過程。

迷途時，帶他們去民宿的婦人叫阿香，是平地人，嫁給了擔任高山嚮導的原住民。待在望鄉幾天後，一群人要到海拔3,320公尺的百岳郡大林道登山。阿香邀請隊員一起去，彥棋穿著涼鞋，俐吟只有一件薄外套，他們沒想太多就出發。快攻頂時，俐吟產生高山症症狀，嘔吐、暈眩、頭痛，完全是靠同伴的協助與意志力撐過來。攻頂時，內心滿溢無與倫比的成就感。這趟非預期的旅程，讓他們更貼近壯闊的自然。

再回山林　感受生命

待在部落中，他們也看到了不同於刻板印象裡的原住民生活。誰說他們整天喝酒、吃檳榔？因為政府的農業政策與當地產業變化，不少部落是富足的，還說不喝酒以免影響工作。路程中，沿路看到種植的葡萄、四季豆、豌豆等，與過往腦海裡浮現貧瘠凋零的村落景象，有顯著不同。部分屋舍還遺留著日治時代的井字規畫，而望鄉的家家戶戶還在門口圍牆上，刻寫著介紹家族的名字與事蹟。

車隊在村落之間來來回回，大家幾乎都認識他們，只要看到腳踏車經過，便會說：「那是不是從臺北來的車隊？」村民們熱情的款待隊員，端出一道道佳餚，如飛鼠、山羌肉……，咦，這些不是保育類動物？不不不，村民說，山羌是自己養的；飛鼠則是看到車燈，見著光，自己飛撲過來撞死的！

重新做回「都市人」，隊員們似乎都有些不太習慣。17天，在青輔會舉辦的「單車壯遊臺灣」計畫中，天數其實不算短，但他們覺得仍然不夠。他們承諾著，將再度回到部落中，利用他們的專業，用心記錄那些人們遺忘、或是從不曾注意的點點滴滴，將其拍成紀錄片，讓更多人認識。

車隊的成員透過這次旅程領悟到，單車壯遊其實也可以很慢，可以體會更多、更深刻的人事物；而在過程中願意放下自己，學習以一種新的方式看待土地與人群，才不會被成見所矇蔽。旅程雖然結束了，但對他們而言，其實才剛開始！＊

生活中充滿各式各樣大大小小的旅程，但在我心中真正能稱之為壯遊的，卻只有一種，就是當一個人問了自己「我是誰」後，所開啟的那一場永恆的生命之旅。

面對未知過程，許多時候像是探險，試著放下，用全新方式去體驗、感受，重新學習每一刻，就是壯遊。而信義鄉帶給我們的，不只是體驗臺灣土地的美麗和布農族原住民的生活，讓我們更能夠體會到身為臺灣孩子的驕傲和感動。透過這個旅行，我們更認識自己的根，並且重新學習到放下自己的框架，才能用一雙新的眼睛去看世界。

輪框下轉動臺灣文學

造訪作家故鄉 尋找心靈原鄉

撰文／**游惠玲** 攝影／**李俊賢** 圖片提供／**勝一109車隊**

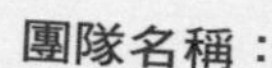

團隊名稱：

勝一109車隊

計畫名稱：

輪框下轉動文學

團隊介紹：

2個搞笑又無厘頭的成功大學臺灣文學系學生，大四的蔡栢傑與大三的劉書豪，組成了「勝一109車隊」，以「輪框下轉動文學」為主題，用7天時間，探訪臺灣文學作家的故鄉，讓書本裡的抽象畫面變得真實。他們造訪楊富閔的臺南大內，發現臺灣被遺忘的角落，去七等生的苗栗通霄聆聽沙河流水潺潺，再去花東看海洋之子致力保護的優美海岸。

臺南 2010/09/06

臺南成功大學→大內國小→臺1線，縣道178

彰化 2010/09/07

大內國小→西螺大橋→臺1線

苗栗 2010/09/08

西螺大橋→鹿港龍山寺→通霄火車站→縣道150、臺17線→鹿港龍山寺→通霄車站

楓港 2010/10/04

臺南成功大學→臺17線→枋寮→轉臺1線→楓港

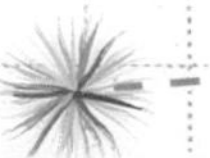

總里程數 645 km

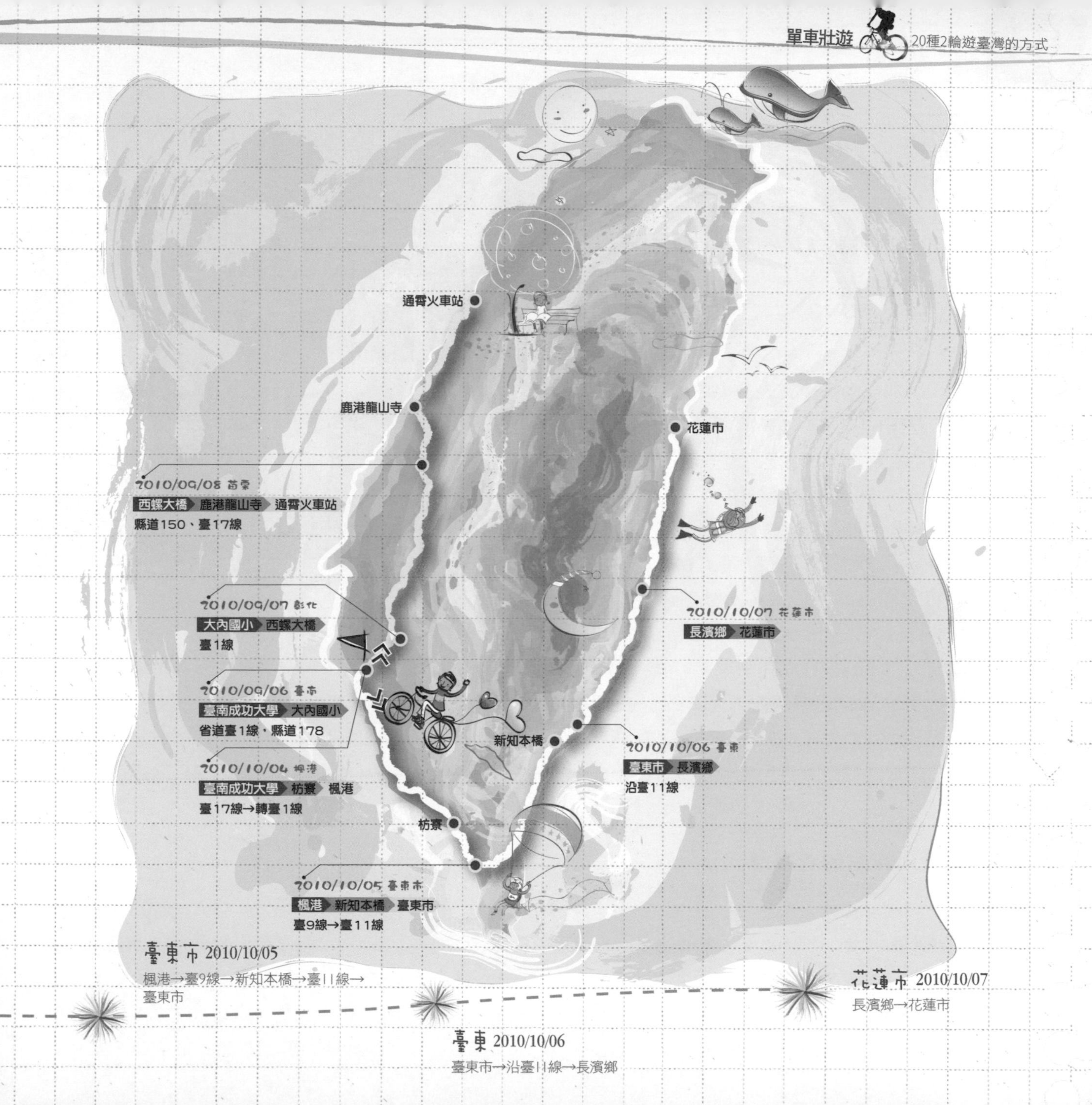

臺東市 2010/10/05

楓港→臺9線→新知本橋→臺11線→臺東市

花蓮市 2010/10/07

長濱鄉→花蓮市

臺東 2010/10/06

臺東市→沿臺11線→長濱鄉

在19歲的那一年，長達180公里的夜騎，蔡栢傑從臺南成功大學出發，跨越雲林、嘉義，最後抵達臺中的逢甲大學，從寂靜的凌晨騎向天明。這一騎，讓他騎出了環島的夢想，也讓他的人生有了更加不同的體驗。

那次的旅程，有個小小的畫面大大地撼動了他。在騎車經過臺南後壁的某個上坡時，他看見一個坐在輪椅上的男人，「他雙掌合十，微笑地朝天空拜了幾拜，輕輕地轉動輪椅，回到紅磚厝中。」蔡栢傑怔住了，他站在那個原本他認為很陡的上坡，想著這個失去了雙腿的男人所能擁有的旅行範圍，大概就只有屋內到屋前的廣場了，但是，他的臉龐卻顯得平靜而滿足。13個小時後，他筋疲力竭地抵達終點，然後雙掌合十，朝天空拜了幾拜，完成了生命中的第一個壯舉。

・念文學的栢傑與書豪，希望自己能有些特別的生命經驗。

新世代作家的老鄉愁

「唸文學的人，總會希望自己能有些特別的生命經驗。」於是，2010年夏天，蔡栢傑和超級麻吉的成大學弟劉書豪，搞笑無厘頭的2人組，組成「勝一109車隊」，騎著雙輪，一塊兒到臺灣作家的故鄉去，尋找書中的地景、地物，讓書本中原本抽象的感受變得更具體，也發現作家與自己的鄉愁。

「雨哪ㄟ這呢大？」大雨傾盆，落到了地上便彈跳開來，在蔡栢傑與劉書豪面前匯流成小溪，2人上身包著雨衣、腳踩著自行車，在午後的西北雨裡踽踽獨行。即便全身都濕了，但熱情不減。

從臺南市出發的首日，只花40分鐘便抵達目的地，新世代作家楊富閔的故鄉——臺南大內區，原本盤算這會是趟輕鬆旅程，無奈天候不佳，2人馬上就變成了落湯雞。大內區位於臺南中央偏東位置，被官田、玉井、善化等區包圍，是一個鮮少被提及的地理名詞，卻出產2位「大內高手」，一位是體壇的陳金鋒，另一位便是文壇的楊富閔。

楊富閔以7年級生之姿，書寫關於故鄉的老靈魂，引領讀者隨著他的眼，去看見一個臺灣鄉間幾乎被遺忘的靜謐角落。他在〈暝哪會這呢長〉文中提到，「我們的大內如此孤絕，當鄰近的官田以總統、以稜角聞名；當玉井以芒果進軍日本；當新市的科學園區帶動善化房地產；當七股以鹽田黑面琵鷺翱翔在國人眼裡，我們的大內還剩下些什麼？平埔族？酪梨？還是陳金鋒？」

僻靜的大內，確實缺少代表當地的特色，這也是蔡栢傑與劉書豪的感受。他們觀察到，山坡地居多的大內，就像臺灣許多鄉鎮一樣，青壯人口大量外移，去南科工作、到市區買房，小鄉鎮留不住年輕人，也鮮少有遊客晃蕩。外車經過，也是以玉井為目的地，大內永遠就只是個「路過」的地方。

楊富閔書寫故鄉的破敗、凋零與自己對故鄉的用情至深，而蔡栢傑與張書豪則看見了小鄉鎮的樸拙與可愛。第一晚，2人借宿在大內國小，驟雨的夜裡，楊富閔的爸媽拎著餅乾、飲料前來探望，「住這兒哪ㄟ凍？來我家住吧！若不住，就來洗個澡吧！」簡單的幾句問候，為超級狼狽的他們，捎來雪中送炭的溫暖。

在此次行程中，蔡栢傑發現了有趣的

成員騎著單車一同尋找臺灣作者的故鄉。

現象：「在城市裡，不管是飲料店、成衣店還是鐘錶店，每種商家一定不只一家，大家彼此競爭、互相砍價；但在大內，各種商店都只有一家，商店提供當地人生活上的便利。」在這座資本主義看來尚未過度入侵的小鄉鎮中，鄰里之間依舊有著深厚的依存關係，商業活動在這裡不是為了獲利，而是源自於需要，與我們所習慣的城市生活迥異。

也因此，家戶間都彼此熟識，一說起楊富閔，鄰居和他們天南地北聊了起來，「楊富閔，寫〈逼逼〉的喔！我知影呀！」他為2個文學青年打開了一扇窗，讓地圖上的陌生名詞變得更加熟悉。

・實地走踏具象的文學現象，親身感受作家的鄉愁。

七等生寫出沙河悲歌

再往北走，他們來到了作家七等生創作《沙河悲歌》的背景地苗栗通霄。七等生在書中以他哥哥的生命為藍圖，背景是第2次世界大戰結束後的10多年間，亡兄在誕生地沙河鎮某知名酒家擔任樂手討生活的故事。

在臺灣的地圖上找不到沙河與沙河鎮，書中的名詞雖為杜撰，但卻都是七等生從小所熟悉的真人、真事。一開始，蔡栢傑與劉書豪所想像的通霄鎮既灰暗又破落，充滿了書中主角對於生活的無奈與掙扎，什麼都沒有，然而，雙輪一駛進這個21世紀的小鎮，才明白一切並非如此。

七等生書中寫的是半世紀前的小鎮故事，而今日卻處處繁榮。劉書豪提到，「很不錯、很正常的小鎮，甚至連海水浴場都有！」通霄橋在書中的名字是「黑橋」，而流經橋下的南勢溪，也就是書中所說的「沙河」，低聲地吟唱著七等生的兒時故事。

他在書中對這條河有著許多的描述，

「沙河淺流潺潺細唱……這水流在微薄的月光下富有蜿蜒的妙姿，那水潔白如少女隱祕的肌膚，形貌蛇之身滑浮動在石間，聲音如情話之細訴，水流自灰茫茫的霧中流來隱沒在灰茫茫的霧中……」。文字讀來感性抽象，但站在橋邊的那一刻，2人終於有機會走入具象的文學現場，親身感受作家的鄉愁。

．奇特的騎車經驗，讓他們的情誼更深厚。

海洋之子的真情呼喚

第2趟旅程再度從臺南出發，走南迴公路來到花東。這早已不是2人頭一次騎單車環島，不過卻是第一次騎上臺11線。

海洋之子的廖鴻基在《臺11線藍色太平洋》一書中，這麼形容這條依山傍海的美好省道，「太平洋漾漾泱泱，臺11線上的視野遼闊，如搭乘一艘飛船浮著海面無盡延伸。遠遠貼著天際的一抹墨藍；近一點，大片湧溢眼眶的是洶洶黝藍；再近一點，擁擦著岸緣讓海岸鑲了邊的是薄薄一層梳雲似的清藍。東海岸的海洋視野瀰瀰層層。」

東海岸的壯闊美好，讓蔡栢傑與劉書豪留下深刻印象，而海洋作家廖鴻基對於大海的真摯與熱情，也讓這片大自然在他們眼裡更加不同。他們特別到花蓮市拜訪身兼黑潮海洋文教基金會創會會長的廖鴻基，而這位喜愛大自然的作家待人謙和，就像他的作品所流露的情感一樣，真誠而不矯作。

廖鴻基告訴他們，「大家應該經常去看這些地方，我們的鯨豚朋友就在身邊。」他感嘆，臺灣四面環海，但大家對於海的感受卻是陌生而恐懼，大海給人的意象卻是危險且禁忌的。無厘頭的劉書豪突然正經地說：「我們在廖鴻基的身上，看到了人類世界的理想，如果每個人都像他，那有多好！」

．熟悉的臺灣，能找到過去不熟悉的悸動。

近在咫尺的熟悉悸動

北起花蓮市、南至臺東知本的臺11線省道，長達約182公里，將臺東、花蓮的山與海的美好全都放到眼裡。

回想起來，在那5天4夜的單車路程裡，充滿了自由自在的海洋氣息，「難怪臺灣被稱為『福爾摩沙』！」在最熟悉的臺灣，蔡栢傑找到了過去所不熟悉的悸動。

他們回憶著，「每天一到下午1、2點，就會飄散出下雨的味道。」那是西北雨滴落在柏油路上，再緩緩蒸發至空氣中的特殊氣味；而這樣的味道在這次的行程中，更是天天準時來報到。當這股熟悉的味道出現時，此刻，有默契的2人開始穿上雨衣，趕緊將筆記型電腦及相機等牢牢地裝進2層塑膠袋裡，隨後冒著雨向前行。

視線迷濛中的東海岸線，海浪聲伴隨著嘩啦啦的雨聲，為他們的歌聲伴奏著，「澎湖灣、澎湖灣……。」《外婆的澎湖灣》悠揚的旋律在身邊圍繞。從臺東長濱進入花蓮市區的那天，路程約莫有80多公里，當地人輕鬆地說：「就是要一直爬山，然後看到隧道，溜下去就到花蓮了！」原本心想難度不高，再加上自己的體力與腳力也不錯，一路騎到花蓮應該不成問題。

雨，一直下，路旁卻一盞路燈也沒有，這2個被雨淋得濕透的年輕人，循著看不見終點的山路，雙輪踩踏在雨水匯聚成的馬路溪流裡。「曾經狂奔舞蹈貪婪的說話，帶不走的、丟不掉的，讓大雨侵蝕吧！」陳綺貞的歌曲《魚》的歌聲此時攪和著雨聲，從2人口中大聲地唱出來。

年輕夢想的壯遊地圖

海洋白晝的亮麗，也在此時失去了蹤影，大海就在咫尺，前方卻什麼也看不見。偶爾，前方來車的車燈為他們稍稍照明了眼前的路，「前面還是山坡，繼續騎吧！」沿途車輛裡的人搖下車窗，給了他們一個大拇指手勢，隨後從車窗裡跳出了一聲「加油」，這一聲鼓勵也鑽進了蔡栢傑與劉書豪被雨水浸濕的耳裡。

劉書豪打趣地說：「不加油，我們可

能就撐不過來了，喊一次加油可以讓我們30秒不累。」從西部開始，他們有著約定：不論如何，雙腳一定不落地，車子絕對不用牽的，也絕對不下車。那時，腎上腺素激增的2人，已經進入一種無敵狀態，雙腳好像不是自己的，踩踏成了反射動作。人的感官在那時變得更加清明，每一滴雨聲，都好像直直滴入了耳裡，一清二楚。

當時，內心並非感到恐懼，而是一種未知感鋪天蓋地而來，2人不知道終點在哪兒？「那時不是在想花蓮快到了，只是覺得自己還『活著』。」

劉書豪補充著：「覺得自己的意識忽然間飄到了從來沒去過的地方，而這些片刻絕對可以讓人寫出驚天動地的小説了！」努力了2個多小時後，總算抵達花蓮。蔡栢傑笑説，回到文明的懷抱，他們畢竟還是人類，在口乾舌燥之後享用的那杯珍珠奶茶，更讓人心曠神怡。

單車環島之旅是人生的小句點，對於即將踏入社會的新鮮人來説，他們對於未來當然也曾感到徬徨，不過，就像作家廖鴻基在這次單車壯遊之旅中鼓勵他們的話：「年輕人的夢想就在地圖上。」因此，他們藉由雙眼與腳步，將書本中的文學，從抽象變成生命中現實的一部分，那是種難以忘懷的五感體驗，也是這次單車壯遊旅途中，最值得他們再三回味之處。＊

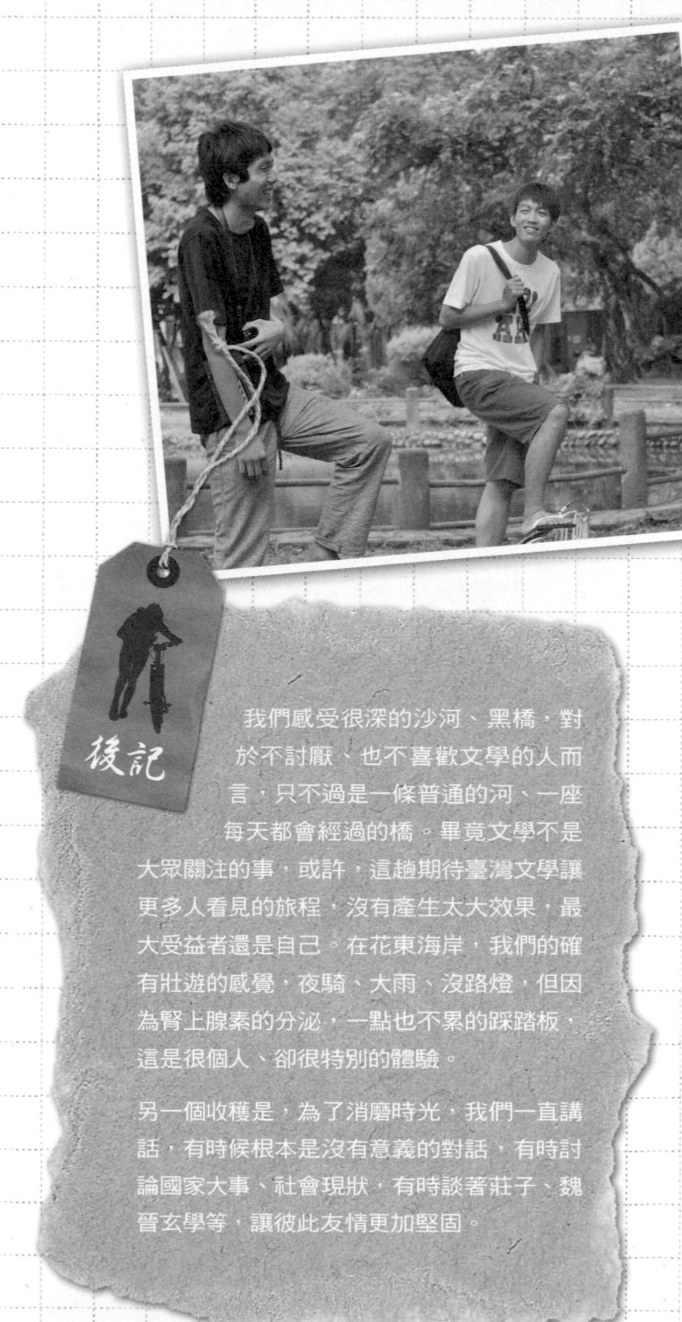

後記

我們感受很深的沙河、黑橋，對於不討厭、也不喜歡文學的人而言，只不過是一條普通的河、一座每天都會經過的橋。畢竟文學不是大眾關注的事，或許，這趟期待臺灣文學讓更多人看見的旅程，沒有產生太大效果，最大受益者還是自己。在花東海岸，我們的確有壯遊的感覺，夜騎、大雨、沒路燈，但因為腎上腺素的分泌，一點也不累的踩踏板，這是很個人、卻很特別的體驗。

另一個收穫是，為了消磨時光，我們一直講話，有時候根本是沒有意義的對話，有時討論國家大事、社會現狀，有時談著莊子、魏晉玄學等，讓彼此友情更加堅固。

中華科管鐵馬朝聖旅程

環島住廟、露營新體驗

撰文／**廖威棋** 攝影／**林志騏** 圖片提供／**中華科管陽光青年隊車隊**

團隊名稱：

中華科管陽光青年隊

計畫名稱：

中華科管青年騎遊臺灣 — 廟會、露營新體驗

團隊介紹：

新竹中華大學科技管理系師生林宜謙、謝欣佑、劉奕蘭與林錦煌教授在2010年寒假進行為期10天的單車壯遊，完成自行車環島夢想。除了重點體驗臺灣之美外，主要在記錄沿途具特色的廟宇、露營區，以及其住宿與衛星地位坐標等完整資訊，並架設社團網站及建立適合單車環臺住宿的廟宇及露營區的資料庫，供未來想進行單車環島的朋友們參考，藉此推廣知性、健康的臺灣鐵馬遊，提供單車環島愛好者平價的住宿選擇。

新竹市中華大學 2010/01/23

中華大學→竹南龍鳳宮→通霄慈和宮→大甲鎮瀾宮→鹿港天后宮

彰化鹿港天后宮 2010/01/24

天后宮→西螺福興宮→北港朝天宮→新港奉天宮→朴子配天宮

嘉義朴子配天宮 2010/01/25

朴子配天宮→鹽水關帝廟→新營太子宮→麻豆南鯤鯓代天府→鹿耳門天后宮→安平華南大飯店

臺南安平華南大飯店 2010/01/26

安平華南大飯店→左營春秋閣→潮州明心佛堂

屏東潮州 2010/01/27

潮州南峰旅社→搭火車→臺東金崙→知本玉明宮→知本豐邑大飯店

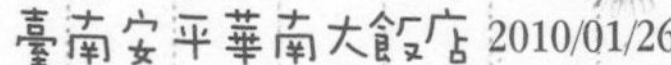

總里程數
1,170 km

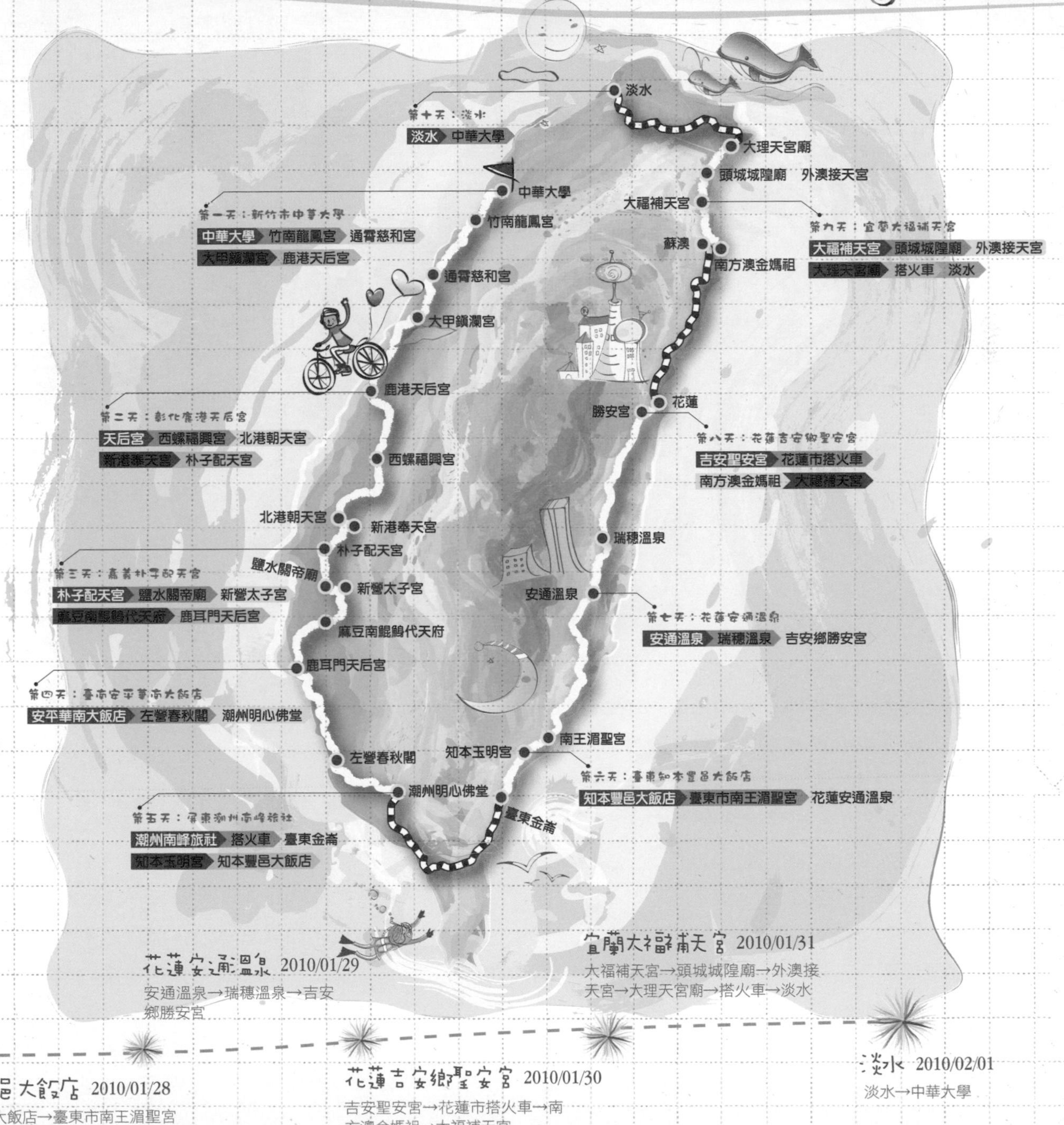
淡水
大理天宮廟
頭城城隍廟　外澳接天宮
大福補天宮
蘇澳
南方澳金媽祖
花蓮
勝安宮
瑞穗溫泉
安通溫泉
南王湄聖宮
知本玉明宮
臺東金崙
潮州明心佛堂
左營春秋閣
鹿耳門天后宮
麻豆南鯤鯓代天府
新營太子宮
鹽水關帝廟
朴子配天宮
新港奉天宮
北港朝天宮
西螺福興宮
鹿港天后宮
大甲鎮瀾宮
通霄慈和宮
竹南龍鳳宮
中華大學
第一天：新竹市中華大學
中華大學 竹南龍鳳宮 通霄慈和宮
大甲鎮瀾宮 鹿港天后宮
第二天：彰化鹿港天后宮
天后宮 西螺福興宮 北港朝天宮
新港奉天宮 朴子配天宮
第三天：嘉義朴子配天宮
朴子配天宮 鹽水關帝廟 新營太子宮
麻豆南鯤鯓代天府 鹿耳門天后宮
第四天：臺南安平華南大飯店
安平華南大飯店 左營春秋閣 潮州明心佛堂
第五天：屏東潮州南峰旅社
潮州南峰旅社 搭火車 臺東金崙
知本玉明宮 知本豐邑大飯店
第六天：臺東知本豐邑大飯店
知本豐邑大飯店 臺東市南王湄聖宮 花蓮安通溫泉
第七天：花蓮安通溫泉
安通溫泉 瑞穗溫泉 吉安鄉勝安宮
第八天：花蓮吉安鄉聖安宮
吉安聖安宮 花蓮市搭火車
南方澳金媽祖 大福補天宮
第九天：宜蘭大福補天宮
大福補天宮 頭城城隍廟 外澳接天宮
大理天宮廟 搭火車 淡水
第十天：淡水
淡水 中華大學
花蓮安通溫泉 2010/01/29
安通溫泉→瑞穗溫泉→吉安鄉勝安宮
宜蘭大福補天宮 2010/01/31
大福補天宮→頭城城隍廟→外澳接天宮→大理天宮廟→搭火車→淡水
知本豐邑大飯店 2010/01/28
知本豐邑大飯店→臺東市南王湄聖宮→花蓮安通溫泉
花蓮吉安鄉聖安宮 2010/01/30
吉安聖安宮→花蓮市搭火車→南方澳金媽祖→大福補天宮
淡水 2010/02/01
淡水→中華大學

自由時報

2010年2月10日／星期三

3大學生單車環島 廟宇

新竹市中華大學大三學生謝欣佑、林宜謙及劉奕蘭（右起），參加青輔會「青年壯遊台灣」活動，在導師林錦煌（左一）陪同下，完成

〔記者王錦義／新竹報導〕新竹市中華大學科技管理學系3名學生謝欣佑、林宜謙及劉奕蘭，在沒有長途騎乘單車經驗下，去年底以「廟宇環島大作戰」參加青輔會舉行的「青年壯遊台灣」徵選活動獲青睞，最近他們完成1200公里環島壯舉，同時整理出全台各地廟宇最新的住宿資料。

整理廟宇住宿資訊庫

們所規畫的廟宇行程未來可在青輔會及中華大學的網站上看得到，目前簡易的行程記錄在http://tour.youthtravel.tw/bike/record_tem.php?blogID=007網站上，全程陪騎的導師林錦煌說，學生們仔細記錄全台各地可供住宿廟宇，並記錄相關路程與路線，未來可成爲單車客的寶貴資料庫。

林錦煌說，包含2名女生在內的3名大三同學，想出以廟宇進香的復古活動爲主題，並加入省錢大作戰的訴求，規劃環島廟宇住宿、廟會舉辦日期及建立以廟宇住宿爲主的優質環島路線行程，獲青輔會青睞脫穎而出。

完成首度長途單車行

林錦煌與3名同學1月23日上午從學校出發，展開爲期10天的大作戰，最後成功完成環台1200公里的挑戰，難能可貴的是，他們過去都沒挑戰過長途單車旅行，4人都是首航就一舉成功，大夥興奮的說，「下次還要再環島」。

隊長林宜謙說，這趟下來才知道，原來住廟裡這麼省錢，最便宜的是花蓮勝安宮，每人添100元香油錢就可入住舒適的多人房，而最貴的鹿港天后宮要360元，但住宿環境新穎。

林宜謙說，平均每人住宿9天約花費1000多元，實在省很大，對學生族群，真的很實惠，未來資訊PO上網後，單車客都可查詢得到全國廟宇住宿最新資訊。

· 中華科管陽光青年隊用最健康環保的方式，騎單車巡禮臺灣的廟宇文化。

中華大學師生蒐集 單騎環島資訊 住廟最省

住廟省很大

中華科管隊 9天1千多

你想出去遊玩時住宿省很大嗎？你想體驗各個廟宇的風情及廟會文化嗎？這可不是進香團的旅遊廣告，而是「中華科管陽光青年隊」的單車壯遊活動，藉由記錄環島沿途具特色的廟宇，提供大眾住宿與衛星定位坐標等完整資訊，用最健康環保的騎乘自行車方式，巡禮臺灣特有的廟宇文化，3個同學跟老師就這麼出發！

他們用極具創意與新奇的概念，獲得行政院青輔會的青睞，成為首屆唯一一支單一班級的團隊，規劃以往可能只有長輩感興趣的「進香團路線」，並實際走訪，藉此推廣知性、健康的鐵馬臺灣遊理念。有別於一般的單車行程，吸引不少人的目光。

事情並不是想像的那樣

住在廟裡為了省錢？這麼搞怪的點子，前所未聞的車隊，發起人一定是個80後的青年世代。如果這樣想，那實在是大錯特錯！這計畫當初的啟動者，是中華大學科管系的林錦煌教授。

早在車隊的學生都還是大一新生時，他就有一個構想，如果系上學生能夠把自行車環島，當作自己的成年禮，大學生涯一定更具意義！

當時他任科管系第一屆的班導師，極力提倡壯遊計畫，不過如此壯志豪情的理念，並沒有引起太大共鳴，除了學生意興闌珊，系上老師及家長更擔心學生的安危：「要是出事了怎麼辦？」「騎自行車環島好危險……」「有狀況誰該負責任？」熱情雖然遭遇挫折，卻沒有熄滅。

過了2年，青輔會徵選「單車壯遊臺灣」活動車隊，以特殊、新奇與創意的條件為標準，林錦煌教授開始在系內招兵買馬，遞出活動申請計畫。「那時響應的學生不算多，但跟最早前相較，人數有增加。篩選之後，共有7位學生願意加入，之後的訓練時，有的學生退出，有的遭家長反對，最後只剩下3位同學：林宜謙、謝欣佑、劉奕蘭。」

他笑說騎自行車環島其實是自己的夢想，但青輔會規定35歲以下的年輕人才有資格報名，他們能夠留下來實在不簡單，也順帶完成了老師的願望；加上自己2個孩子，大家共同討論住宿廟宇的想法，完全沒有環島經驗，從沒借宿過廟宇，一行人浩浩蕩蕩就這麼上路。

廟宇住宿的五星級享受

「不像開車子旅遊，可以大老遠專程跑到一個地方住宿。在規劃單車行時，不能偏離主線道太遠，要考慮最經濟、便捷的方式。」他們探訪的廟宇有些並不算知名，有些廟宇香火鼎盛，但因不在主線道旁，所以車隊也只好放棄。令人驚訝的是，不少廟宇提供香客住宿服務，部分水準堪稱「五星級」，而且也「有省錢」（臺語），設備比一般旅社還要好，甚至有些廟宇擁有獨棟的香客住所，讓他們對於臺灣廟宇不僅刮目相看，也對於進香文化有了不同的認識。

．住宿廟宇對隊員來說，是個全新的經驗。

花蓮勝安宮，堪稱便宜又實惠的首選。每人只要添100元的香油錢，就可以入住舒適的多人房；就連最貴的鹿港媽祖廟，也只要360元，住宿環境更是新穎舒適。還有團員們一致推崇宜蘭大福的補天宮。

補天宮，顧名思義是供奉女媧娘娘（女媧補天的神話故事），和大家所熟悉的神明不太相同。廟裡提供平安湯圓給民眾，口感特別又好吃。補天宮的香客大樓近期完工，內部設備嶄新，床舖潔淨，屬於套房型式且附熱水。廂房裡望出窗外，風景非常好，能夠遠眺龜山島，還可以欣賞日出，是個值得推薦的住宿所在。

當然亦有部分廟宇的居住環境讓人「怕怕」，縱然有神明在側，依舊無法讓人心安。不過，廟宇本來就不是給人住的，能提供方便歇腳處，便已是給旅人很大的便利。當初在規劃路線時，瀏覽網路與實際連絡廟方的情況出入很大，這也成為車隊想要串聯住廟路線與衛星定位的動力。

不過車隊要提醒大家的是，大部分的廟宇僅提供團體預約住宿服務，勢力單薄的車隊務必先打電話確認；另外，臨時跑去廟宇借宿，通常會落得被拒絕的下場，做好準備先聯絡預約，才不會被門神擋在外面。

・完全沒有環島經驗的隊友們，雖辛苦，但自覺有神明保佑，一路順利。

車隊的學生原來總是認為，廟宇都是非常傳統的，但實際造訪，還親身住過，講出來的體驗絕對具有說服力。他們說，現今廟宇跟得上時代，不只是拜拜保平安，還很重視環保，焚燒金紙與使用香的數量和他們以往的印象差距很大，而且垃圾確實分類，節約用水，茹素且能節能減碳，完全符合現今全球的綠色風潮。

廟宇更與社區結合，除了舉辦夏令營，還有眾多課程可選，像鹽水鎮的關帝廟，有溜冰教室、民俗剪紙課程等；位於西螺供奉太平媽祖的福興宮，定期舉辦營隊活動，提供小朋友認識臺灣傳統習俗及廟會活動，結合當地民眾將豐富文化傳承，讓人不禁讚嘆，實在是太神了！

神明沒保佑的慘痛經驗

完全沒有環島經歷，一路上雖然辛苦，偶有小狀況，但他們說可能因神明保佑，路途還算順利。唯一讓人比較介意的是，第5天時，最重要的交通工具——自行車，居然因為運送的問題，被撞得歪七扭八，不僅手電筒損壞，連踏板都變S型。這段悲慘的經驗讓隊員們耿耿於懷，心疼不已。因為他們是少數自備擁有單車的團隊，每一輛自行車都是車隊成員們的寶貝。

因為八八風災，本來預計要騎的南迴路段路況不好，所以只好放棄改搭火車。行前詢問過臺鐵，臺鐵說，每班電聯車都可運送腳踏車，可是到了潮州火車站，才發現情況並非如此。由於一天只有一班車有加掛列車可放置鐵馬，偏偏又是早上7點，車隊到達時早已過了火車進站時間。不得已的情況下，找了機車托運公司協助運送；再加上運送單車本非機車托運公司的專業，老闆也再三強調可能會有狀況，但因為行程的壓力，隊員們還是央求運送服務，對方才同意幫他們運送至金崙。托運公司算了較便宜的運費，但無專業的固定方法，防護措施闕如。

到了金崙，幾乎變形的單車令人心裡淌血，但也沒辦法向店家索賠，整修費只好回去後再想辦法了。當時還「應景」的下了大雨，真是雪上加霜，全隊士氣低迷。

他們提醒想進行單車壯遊者，務必要找專業的單車托運公司服務；若要以雙鐵運送單車，必須先跟終點站的臺鐵車站詢問是否可運送大車（單車），因為有的站只載運小摺，再三聯繫是絕對必要的。

單車環島的新生成年禮

令車隊成員印象深刻的一段，是在花蓮前往臺東的途中，看到2男1女在走路。女的推著娃娃車，裡面沒有小孩，放得卻是

·自行車對愛騎車的隊友來說，都是珍貴的寶貝。

行李。當時還以為他們因為沒有搭到車才步行，等到車隊行程結束後，有一天看新聞，才知道那3位是在徒步環島。隊員們本來以為騎單車已經是很辛苦的一件事，居然還有人用走的來壯遊，精神可嘉。

有幾位成員表示，希望每一年都能夠去環島，並帶起風氣，成為科管系的傳統，變成新生例行的成年禮。他們難忘旅途當中，嗅聞到土地的氣味，例如泥土的味道、大雨過後混合著青草的氣味，甚至行經臺中工業區的味道，都是屬於臺灣獨有的。

一般人很難有這機會親近土地，透過騎乘單車，更能接近自己生長的這塊寶島，如果每年系上能有壯遊的傳統，更能加深與臺灣的連結。2011年的暑假，車隊規劃了行程，準備東半部再騎一次，由北部出發往南；也不排除離島之行程。隊長宜謙躍躍欲試；而欣佑與奕蘭則想要挑戰更多元的壯遊方式，例如橫渡明潭、征服高山等。

對於想要環島的車隊，他們提出許多建議，其中重要的一點是，東西絕對不要帶太多，因為一路上需要的其實很簡單，多帶只會徒增負擔。例如衣服，隊員們準備2件排汗衫就已足夠，當時因初次無經驗，大家帶了不少衣物，騎到臺南時為減少麻煩，還打包寄回新竹，實在很蠢。另外，天冷的季節騎車時，暖暖包也不管用，整日騎車散發的熱能，讓身體就是暖爐。行程中，大家的汗水流個不停，脫水機比洗衣機來得重要。這些都是隊員們事先沒有預料到的。

他們也在沿途過程中，遇到不少其他車隊，交換彼此心得。例如在臺中大甲鎮瀾宮，碰到也是和他們一樣單車環島的大學生；到了安平的單車店整修，恰巧碰上正準備進行環島的女性顧客，她和表妹預計花3天時間騎乘花東，還好心收留車隊2位女成員住宿一晚。

而在臺灣第一個設立鐵馬驛站的地方——春日派出所，警局旁建有車友休息間，媲美5星級的盥洗室，據說比興建警局費用還要高。休息站的志工、警察、交通隊員熱心招待，也說了不少車友的有趣故事。派出所牆上有個大布告欄，上面都是環島者的留

‧臺灣第一個設立鐵馬驛站的春日派出所。

言，原來還有好多人在環島，做著與他們相同的事，讓人感覺一點都不孤單。

難忘廟宇旅程點點滴滴

經過大里天宮廟時，進香活動中鞭炮直接炸在乩童身上，「過運」方式令人膽顫心驚；車子運送損壞後，心情沮喪地到了知本，泡泡溫泉讓疲憊的身心釋放，還接受當地鄰長的款待，重燃再征旅途的信心；在前往玉里途中遇大雨阻撓，車子還爆胎，被迫在安通落腳。又飢又寒的他們，淚水奪眶而出，行程雖已進行一半，但大家開始懷疑是否真能照計畫走完全程；在宜蘭，感冒與腹瀉輪番上陣，最後住到補天宮的豪華廂房，感覺真的是因禍得福、苦盡甘來……。

10天，完成自行車環島的夢想，也記錄了沿途具特色的廟宇和住宿資訊，縱然過程中辛苦、挫折不斷，但總能逢凶化吉、否極泰來。或許是神明的保佑，亦可說是成員團結一致、克服萬難的決心，才順利完成這趟連他們都覺得不可思議的單車壯遊旅程。

老師與學生共同完成了夢想，在這屆科管系師生心中留下了令人羨慕且難忘的回憶。林錦煌教授說，旅程才正要開始，下次他會帶著新的成員加入單車環島，如果屆時在路上碰到這群年輕人，別忘了親切地和他們打聲招呼！＊

18的四次方 帶爸媽去環島

勇於承擔 樂於配合

撰文／**謝禮仲** 攝影／**吳毅平** 圖片提供／**18的四次方車隊**

團隊名稱：

18的四次方

計畫名稱：

帶爸媽去環島

團隊介紹：

郭舒文、郭若妤、郭哲瑋、郭思雨以回饋感恩的心，逆向思考，計畫別出心裁的「帶爸媽去環島」單車壯遊，並將隊名取為「18的四次方」，意思是4個滿18歲的孩子的共同成年禮。14天的旅行中，在沿途造訪長輩們的聲聲驚嘆下，幫爸媽驕傲地說出，「我的孩子長大了！」在仔細的計畫安排與靈活的策略應變下，陪伴著爸媽，讓他們享受最沒有煩惱的旅行。

臺北 2010/02/08
新店→樹林→鶯歌→平鎮

後龍 2010/02/09
平鎮→龍潭→竹北→後龍

臺中 2010/02/10
後龍→通霄→大甲→臺中

新營 2010/02/11
臺中→彰化→雲林→嘉義→新營

新營 2010/02/12
（除夕前休兵日）

新營 2010/02/13
新營→東山→青山郭厝（除夕家族團圓）

總里程數
1,024 km

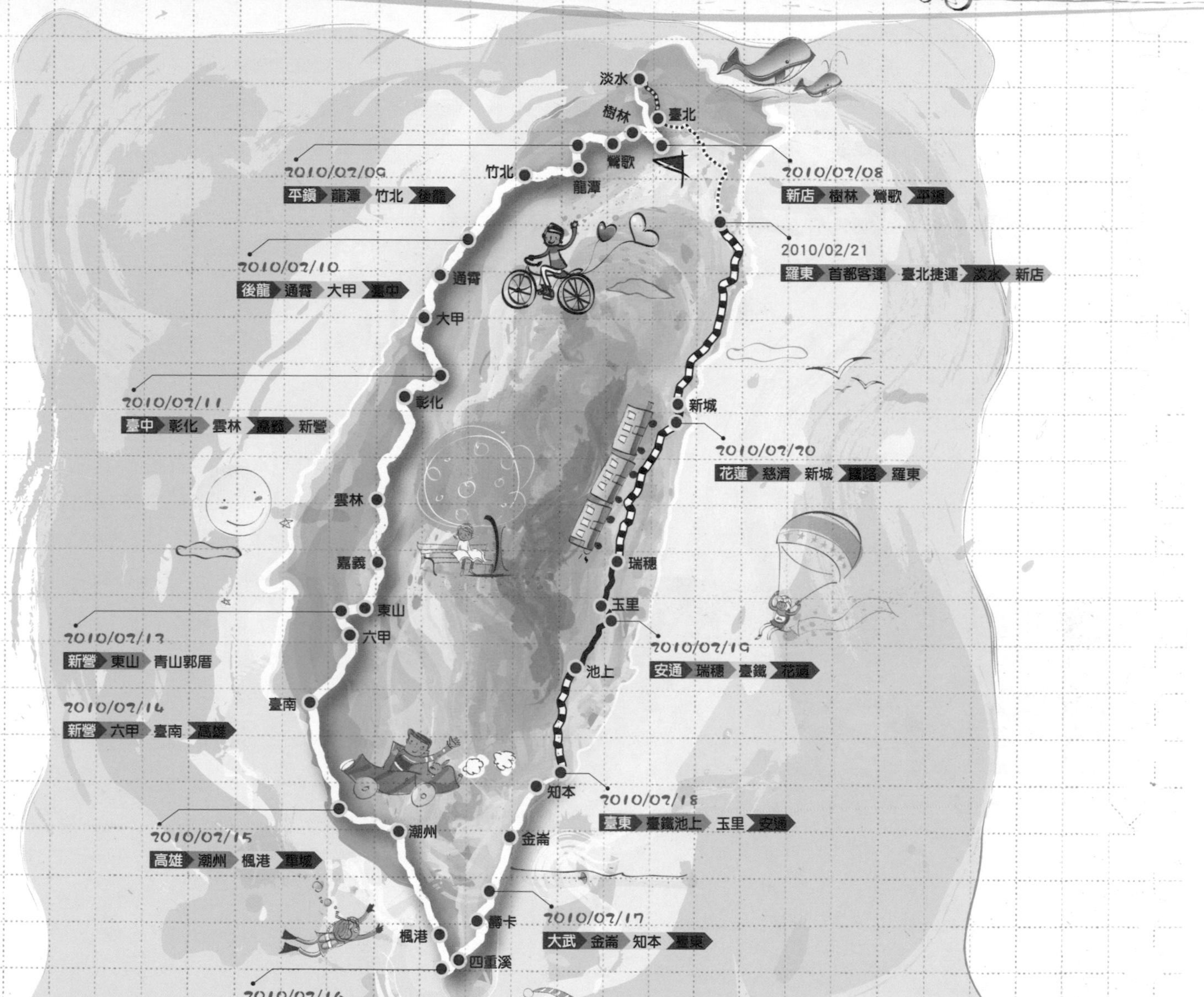

淡水
臺北
樹林
鶯歌
竹北
龍潭

2010/02/09
平鎮 龍潭 竹北 後龍

2010/02/08
新店 樹林 鶯歌 平鎮

2010/02/21
羅東 首都客運 臺北捷運 淡水 新店

2010/02/10
後龍 通霄 大甲 臺中

通霄
大甲
彰化

2010/02/11
臺中 彰化 雲林 嘉義 新營

新城

2010/02/20
花蓮 慈濟 新城 鐵路 羅東

雲林
嘉義
瑞穗
玉里
東山
六甲

2010/02/13
新營 東山 青山郭厝

2010/02/19
安通 瑞穗 臺鐵 花蓮

池上
臺南

2010/02/14
新營 六甲 臺南 高雄

知本

2010/02/18
臺東 臺鐵池上 玉里 安通

2010/02/15
高雄 潮州 楓港 車城

潮州
金崙
壽卡

2010/02/17
大武 金崙 知本 臺東

楓港
四重溪

2010/02/16
車城 四重溪 壽卡 大武

高雄 2010/02/14

新營→六甲→臺南→高雄（部分路段搭高雄捷運前進）

安通 2010/02/18

臺東→池上→玉里→安通（臺東～池上搭火車）

臺東 2010/02/17

大武→金崙→知本→臺東

大武 2010/02/16

車城→四重溪→壽卡→大武

車城 2010/02/15

高雄→潮州→楓港→車城

「在旅途的最後幾天，我常看著爸媽發呆，我發現：好像很久沒有這樣，24小時黏在他們身邊了。孝順、感恩、回饋，說起來真的很容易，但如果沒有這種吵了架卻還得繼續騎單車，意見不合也不能甩門就離開的機會，我又怎麼能發現，陪伴，是我們給彼此最好的禮物！」完成「帶爸媽去環島」的單車環島成年禮，郭家的孩子寫下這段文字，平實，卻道出多數人想望而不及的真切感動！

郭家父母與孩子們一起踏上過去從未想過會發生的單車環島，不是陪伴孩子，而是在孩子帶領下一同完成，這在青輔會「單車壯遊成年禮」的活動中，無疑是最特殊的一個組合。

‧在6輛單車的陪伴下，郭家孩子們完成了他們的壯遊成年禮。

源起：從動念到轉念

「騎腳踏車去環島吧！」這原來只是郭家二女兒若妤對大姊舒文的邀約，沒想到竟逐漸進化，開啟了一段不在預期之內的動人旅程。

「拯救世界，不如幫媽媽洗碗。」回憶起臺大校長對新鮮人演說中的話語，印象深刻地閃過腦際；同時間，姊妹們也想起媽媽曾說：「最喜歡和爸爸騎著單車漫步在校園，那是學生時代《未央歌》書中最浪漫的生活。」這些話如雷貫耳般，讓苦思企畫案的2人，有了全新靈感……。

家中的4姊弟，最小的妹妹將滿18歲，18歲在臺灣代表著成年，除了是年輕孩子成長的喜悅，背後又蘊含了父母多少的含辛茹苦、如何的捨己付出？懂事的姊妹們想到了這一點，因此「女孩單車環島」單純的初衷，隨即如獲至寶地轉念成：何不趁這趟旅程，由「18的四次方」一起──「帶爸媽去環島」？

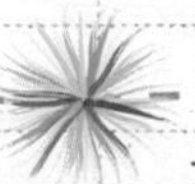

花蓮 2010/02/19

安通→瑞穗→花蓮（瑞穗～花蓮搭火車）

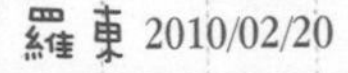

羅東 2010/02/20

花蓮→慈濟→新城→羅東（花蓮新城～宜蘭羅東搭火車）

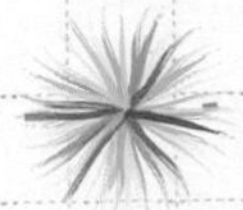

臺北 2010/02/21

羅東→臺北→淡水→新店（宜蘭～臺北搭客運）

・斜坡是最能考驗騎單車者體力的時候。

郭家4個孩子以回饋父母為構想的單車壯遊成年禮，雛形初具，他們不僅要帶著爸媽去旅行，也希望自己的成年禮能夠榮耀父母。這個計畫共分為2個部分：前段從臺北出發直到老家新營的路程，設定在拜訪父親的兄弟姊妹們，藉實際的行動，替爸媽告訴親友們：我們家的孩子真的長大了！第2段行程，也就是從新營往南、轉東、往北的高雄、花東、宜蘭，由孩子們陪伴爸媽一起踩踏走訪，度過多年難得擁有的全家旅行。

計畫：從初試到入選

「我聽到要環島的計畫，首先擔心的就是安全，」從事教育工作的郭爸爸反應一如預期，孩子的回應可想而知，也就是「對呀！對呀！那你們要不要開保母車跟著我們？」事實上，郭爸爸曾經看過捷安特董事長劉金標單車環島的書，心中早有效法的念頭，當孩子提出單車環島的構想時，他是非常支持的，只不過安全的顧慮在所難免。

為了讓孩子完成夢想，他的第一個想法也是開車隨行，若遇到體力不足或腳踏車有問題時，可以支援應變。郭爸爸在受訪時表示，「我甚至已經著手改裝家中的廂型車了……。但是看到孩子們對於路線的熟悉度、各式各樣的替代方案，以及對專業支援的了解後，我想，跟著騎車好像應該會是個更好的回憶。」郭爸爸感性的說。

孩子們的計畫不僅從青輔會單車壯遊的

單車環島不只是壯遊，也是郭家孩子邁向獨立的見證。

甄選中脫穎而出，更重要的是，還通過了老爸的考試！

郭家4個孩子中，只有大姊、二姊有自己的單車，弟弟與么妹的環島單車，為了節省開銷，決定向「鐵馬家庭」租借。對於平日不常騎車的女生而言，那輛配備「蝴蝶式把手」的單車，的確有點壓力，但年輕孩子的適應力挺強，從租車處騎回臺北住處。

「哇！我騎了10公里耶！我沒有感覺很喘，或許是因為我是個必須上體育課的高中生吧！」郭小妹寫下初上路的心情。「但是，環島一天所騎的可不只有10公里！所以老實說心裡還是會有點怕怕的，不過我會努力的堅持下去。」

行動：從準備到啟程

2010年2月8日，郭家4姊弟正式踏上單車環島旅程，騎車環島似乎沒有想像中容易，他們在文字中透露出些許的訊息……。「腳踏車前進的速度，跟人的體力有極大相關，而且風景愈漂亮的地方愈沒有路燈，暖和的冬陽總是早睡晚起，好像每天的時間都不夠用！偶爾遇到前不著村、後不著店的窘境，大家也只能低著頭，賣力的往前騎。」

前幾天的北部踏騎，算是4個年輕人的適應期，起初難免感覺有點辛苦，尤其是租借來的車子，對郭小妹來說還是有點太大，要騎上車需要很努力的跨過。

數不清的立可拍記錄下每一個可貴的瞬間。

有時候，他們也會迷路，找了好久才到樹林的大姑姑家；跟著GPS的導引，從桃園平鎮竟然騎到龍潭，多了一趟意料之外、累得半死的爬坡，「不過後面的下坡騎起來很舒服，風景也比另一條漂亮多了。」大姊興奮的回憶著。

挑戰：從懷疑到支持

4姊弟的中北部行程，按照預定的計畫，沿途拜訪長輩，逐一為他們的成長做見證。當他們拜訪過大姑姑之後，在這頭家裡等待的爸爸就接到電話：「棋煌，你怎麼這麼大膽，竟讓4個孩子這樣騎車！」騎到臺中看了叔叔後，郭爸爸又接到電話：「小孩子能這麼做很不簡單，很開心，孩子們都長大了！」年輕人對這段拜訪長輩的過程，如此形容著：「當他們看到我們騎著腳踏車出現在家門口時，心情是很複雜的，嘴裡嘮叨著旅程的安全，但是見到孩子的成長，臉上喜悅的笑容卻從來沒有停止過。」

前段的任務在眾家長輩的訝異、歡喜、鼓勵與肯定中，算是圓滿達成，姊弟們也為自己喝采，感謝長輩們的疼愛與照顧。但唯獨讓他們吃不消的是，「大姑姑是大好人，送了我們一堆蘋果和橘子，還有削好的梨子，表姊也有送我們水果。」「我心裡想，難道每到一個家庭都要增加一堆如此龐大的重量嗎？我不要！會重死啊！」姊弟們七嘴八舌的分享，當下彷彿又回到剛開始啟程時的那段時光。

在新營苦苦等候孩子們歸來的郭家夫婦，終於看到他們完成了第一階段的任務，回到了老家。在這段時間中，孩子在騎車時，爸爸也沒閒著，他說：「為了了解自己的體能，我決定將租車日期提早一個禮拜，以便進行體力測試與速度的實驗。」「我騎

上了青山和仙公廟，以測試坡度對於騎車速度的影響，對於爬坡也產生了信心。但是，如果媽媽也要一起騎的話，可能有部分路線必須下來用牽的。」

「考量到可能必須夜騎，因此，我還故意夜騎到六甲，測試路燈與道路、車輛等對於單車騎士夜間視線的影響。這才發現，由於小車燈不夠亮，只能讓別人看到我們，所以應該要盡量避免夜騎。」讓人不禁讚嘆，果真是凡事講究嚴謹、細膩的郭爸爸！

合體：郭家環島車隊

孩子回到新營的第2天，一家人就在除夕當天，一起騎回爸爸的青山老家（臺南縣東山鄉），是暖身、是圍爐團圓、也是告訴孩子——我們準備好了！

在父母終於加入4姊弟的環島之旅後，孩子也開始擔心起媽媽，因為郭媽媽平時並沒有騎腳踏車的經驗，但在行程開始的幾天之後，孩子們心中的大石頭終於放下：「我發現媽媽的忍耐力還不錯唷！」

全家環島之旅的第一天，他們延續著拜訪親友的計畫，騎到中社看外公，騎到臺南找小姑姑，拐到仁德造訪媽媽的母校——嘉南藥理科技大學……。可以想見，他們的環島路程，並非傳統的臺1省道直直去，而是七彎八拐，這才是單車環島的樂趣！

路上遇見騎單車的同好、開車的陌生人，都為這家人打氣加油；看到沿途賣水果的攤販，郭爸爸還忍不住誘惑（郭大姊開玩笑說：他應該是嫌自己的背包太輕），竟然買了蓮霧！看來，這家人還真愛水果！

橫越臺灣尾的路徑，郭家選擇較彎曲陡峭的199縣道，從四重溪、牡丹上攻壽卡。曾經騎過199縣道的車友都知道，這不是輕鬆的路徑，尤其愈接近壽卡，坡度愈陡。

剛開始說風大難騎的么妹，不讓媽媽專美於前，硬是挺上最高點，「在快要到最高點時，後來居上的姊姊發現我爆胎了，難怪我騎的好辛苦！」大姊為她就地換胎，期間還有公車經過，大家熱心地詢問她們是否需要幫忙，讓郭家人「揪」感心。

終於騎上壽卡，么妹卻又發現糊塗的大

・一路上拜訪許多親友，也為這次旅行帶來滿滿的回憶。

姊換胎之後，竟然沒把煞車裝回去！郭小妹說：「還好有發現，不然，下坡時我可能會因此摔車！」

回憶：全家窩在一起

在花東路段，郭家選擇縱谷線的臺9省道，她們錯估了山路的出現率，加上強大冷氣團在旅程最後3天來襲，在寒風冰雨中騎車，雨衣增加了行進中的風阻與悶熱；幸好臺9線沿線的火車站解救這個問題，但是，為了計算單車與火車最完美的交會點，郭家人每晚都傷透腦筋！

此時應變計畫生效，他們依舊造訪弟弟的學校，感受民宿主人的熱情，花蓮美崙紅茶店老闆娘拿著飯糰追出來給他們的溫馨感動。泡了暖暖的溫泉，一家人窩在旅館內開同樂會，全家一起吃著餅乾、喝著飲料、聊著天，這真的是難得的經驗。郭家姊弟在面對自己成年禮的儀式中，姐弟們一同施行計畫也實現了罕見的「帶爸媽去環島」，實屬難得！

孩子們說：「或許我們沒有足夠多的錢可以住五星級飯店、搭豪華郵輪，給爸媽輕鬆的旅程，但是孝心才是家庭中最大的財富！」郭爸爸說：「這是我最沒有煩惱的一次旅行！」之所以能夠完成別具意義的家庭旅行，郭媽媽所說的「勇於承擔、樂於配合」8個字，應該就是最佳的注解！＊

後記

「勇於承擔，樂於配合」，全家人吵吵鬧鬧聚在旅館裡面吃零食的景象已經多年未見，忙碌的工作壓力、沉重的升學壓力，壓縮了家人們相處的時間，也疏遠了家人之間緊密的連結。

環島必經的高山就在眼前，路就只有一條，沒有捷運、臺鐵，也沒有保母車，硬著頭皮也是要爬上去，能量補給與精神支持都來自於家人，這段互相扶持的共同記憶將永生難忘！

2輪4腳 協力車逗陣環臺

4個換帖兄弟當兵前的生命印記

撰文／**游惠玲** 攝影／**李俊賢** 圖片提供／**風雨無阻之好屌、隨便、我都可以，看你們！車隊**

團隊名稱：

風雨無阻之好屌、隨便、我都可以，看你們！

計畫名稱：

兩輪四腳．踏遍寶島

團隊介紹：

這個聽起來相當無厘頭的隊名，是由4位家鄉同在苗栗頭份的大學生所組成，他們是郭顯康、吳龍翔、謝子晴與張徐晨。「風雨無阻」是4個人的暗號，代表瞞著家人偷偷去打網咖；「好屌」則是大夥兒的口頭禪，至於「隨便、我都可以，看你們」則意味他們的隨和個性。決定騎協力車上路後，4個人安排了數個壯遊點，這是當兵前的一次壯遊，他們脫離了原本的安全地帶，人生，也變得不一樣了。

頭份 2010/01/20
頭份→中壢

雙溪 2010/01/21
中壢→雙溪

龍門 2010/01/22
雙溪→龍門

烏石港 2010/01/23
龍門→烏石港

花蓮 2010/01/24
烏石港→花蓮

總里程數
1,032 km

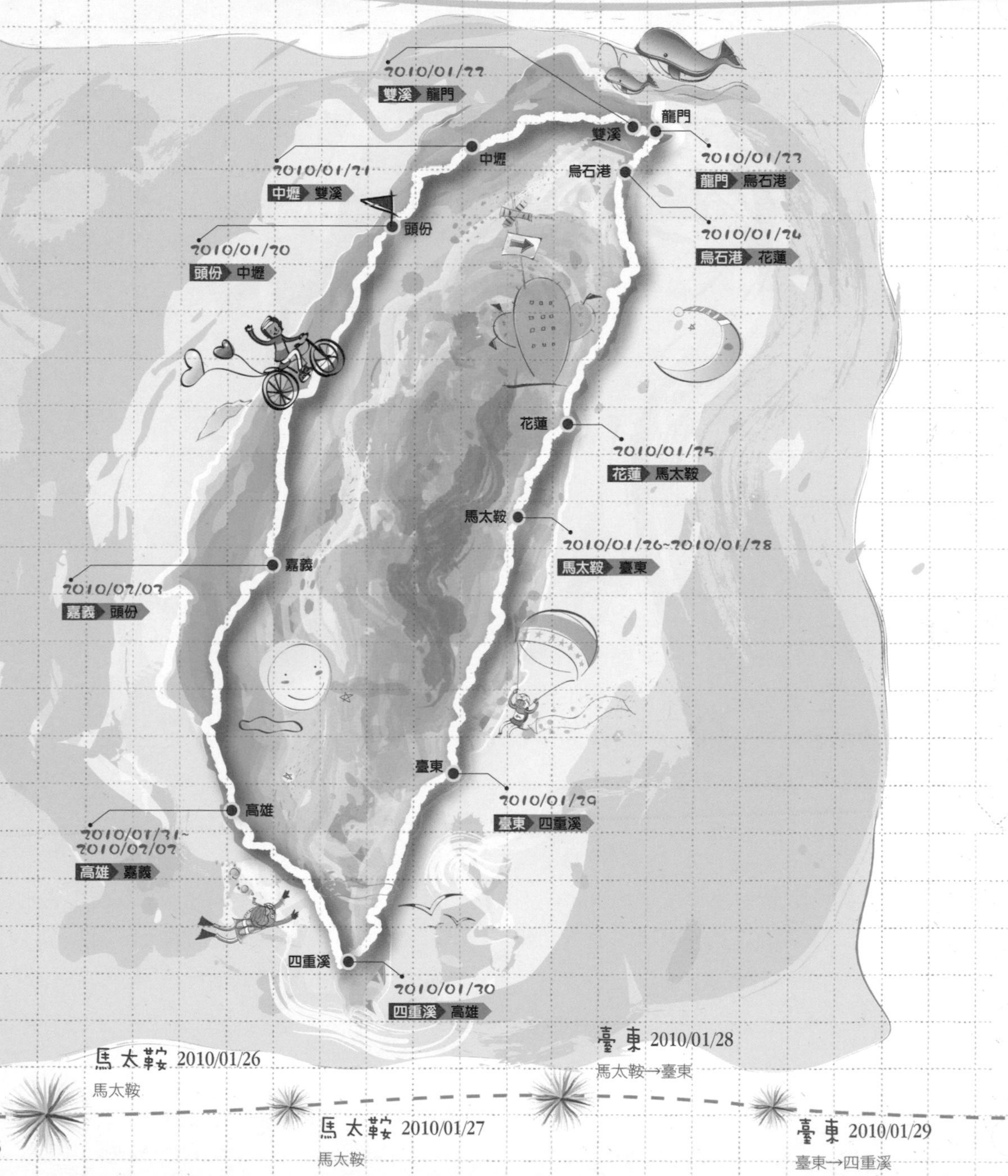

馬太鞍 2010/01/26
馬太鞍

臺東 2010/01/28
馬太鞍→臺東

馬太鞍 2010/01/25
花蓮→馬太鞍

馬太鞍 2010/01/27
馬太鞍

臺東 2010/01/29
臺東→四重溪

頭一次看到「風雨無阻之好屌、隨便、我都可以，看你們！」這個車隊的名稱，難免會以為是自己眼花看錯了，沒錯，這是由4個77年次的大男生所組成的環臺單車小組。他們不只隊名搞怪，就連環臺的方式也很有創意，別人騎登山車或是公路車，他們卻偏偏選上「協力車」。

「風雨無阻之好屌、隨便、我都可以，看你們！」奇特的隊名是成員的個性寫照。

4名成員分別是，隊長郭顯康，以及另外3名隊員：吳龍翔、謝子晴、張徐晨，他們是國中時期的死黨，其中，吳龍翔跟張徐晨更是從小學就認識了。當時大夥兒一起玩、一起打鬧、一起向家人誆稱去打籃球其實是去網咖拚線上遊戲，也就這樣一起長大。如今，除了吳龍翔還是大四學生外，其他3人已經接受徵召當兵去。

回憶去年初冬季裡所執行的旅程，一路冷颼颼的騎著協力車，但這群年輕人卻活力四射，這是當兵前的回憶，隊長郭顯康說：「做點以後打死都不會想做的事吧！單車環島不夠特別，那就騎協力車吧！這樣還可以邊騎邊聊天。」

2輛協力車 共同的記憶

但是，出發之後才發現，那個邊騎車邊聊天的優雅畫面鮮少存在。「騎協力車真的很不容易，光要走在平路上都有難度，最難的是一開始的『平衡』，2人出力要相當。」隊員吳龍翔回憶，剛上路時，4人、2車連平地都騎不好，2輛車在筆直的路上彎來扭去，

高雄 2010/01/30
四重溪→高雄

高雄 2010/01/31
高雄

高雄 2010/02/01
高雄

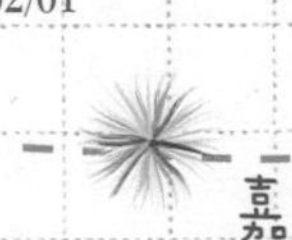

嘉義 2010/02/02
高雄→嘉義

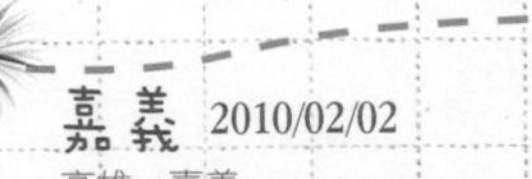

頭份 2010/02/03
嘉義→頭份

就像2條蛇般前行，要順路直行都困難。好在4個人是小學、國中時期就認識的換帖兄弟，擁有絕佳的默契，只花了點時間適應，就正式開跑上路。

不過，這一路可不只有平地，想起騎乘協力車往上坡前進的滋味，那腿痠的感受彷彿又回到了吳龍翔的身上，「協力車雖然可以變速，但上坡時就算打在最低檔了，也會覺得超累。」他解釋，坐在協力車前方的人，操控著變速器，要在關鍵時刻換到最低檔，上坡才不費勁。不過，就算已經打到最低檔了，上坡時還是得咬緊牙根，心無雜念，讓意志力帶領個人前行。

沒有人可以輕言放棄，此時，協力車像是聯繫了2個人的生命，上了車，2個人就成為了生命共同體。「就算覺得根本就踩不動了，但會因為另一個人還在踩，所以你也會很認真踩。如果只有一個人，可能就已經放棄了。」吳龍翔說，決定騎協力車上路，就代表著每個隊員可都沒有耍賴的餘地，除非大家的體力都已經到了極限，協力車開始「倒退嚕」了，才會不得不牽著走，否則決不輕言放棄。

這一趟旅程，從4兄弟的家鄉苗栗頭份出發，以順時針方向走往北部、東部，接著走南迴公路接縣道199抵達高雄，再走西部省道回到苗栗。路途上，有陡坡、有與大卡車爭道的公路、更有爆胎連連的經驗，但確實沒人提過「放棄」2字；再難騎的路況，4個人彷彿4胞胎般，思緒相通、默契十足，期間竟然連一次架也沒有吵過，吳龍翔想了想說：「大概是認識這麼久了，該吵的架都已經吵過了。」

・一路上有許多陌生人的加油與打氣。

驚險一瞬間 友情更扎實

在那個驚險瞬間，吳龍翔真的有種感覺，他以為這趟旅程，甚至這趟人生旅程就要結束了。

4個人準備從東部進入南迴公路時，已經是旅程的尾端，這夜目的地是泡湯勝地四重溪。傍晚5點多鐘，整個東部都在下雨，雨勢雖不算太大，但冬季裡天黑得特別快，為了趕行程，一行人還是硬著頭皮上路。

坡度呈A字型起伏的南迴公路，前端約

・此次協力車壯遊足夠他們炫耀8輩子了。

莫有7公里的路程都是上坡，砂石車不時轟隆隆呼嘯而過，2輛小小的鐵馬就趕緊走避至馬路的邊緣，再拿起微弱得可憐的車頭燈朝司機的臉上揮舞，盡可能地求生存。就這樣苦撐、硬撐了約莫2個小時後，終於抵達頂點。但苦難還沒有結束，就在已經欲哭無淚的此刻，下一個挑戰竟又隨即出現。

當2輛協力車從南迴轉往縣道199時，已不見路燈的蹤影，取而代之的黑暗淹沒了視線，走在僅比一輛轎車來得稍寬的道路上，4個人心裡都緊張萬分。此時，竟然起霧了，前方的視線僅剩下2、3公尺遠。突然一個轉彎處，疾駛來了一輛汽車，刺眼的遠光燈粗暴地掃進了4個人的眼裡，帶頭的協力車閃了一下，後頭的車於是趕緊煞住，但地濕泥沙多，一不小心吳龍翔和張徐晨的座騎，就這麼失控打滑了！

路的左方是山壁，右方是懸崖，2人在驚險瞬間努力將重心移往左邊，「如果，如果當時往右倒，就真的會掉下去了。」吳龍翔回憶起這一幕，依舊心有餘悸，所幸當時2人僅受了些擦傷，人生的旅程，還是要繼續下去。他苦笑著說：「這種經驗，一次就好了，我那時想起我爸跟我說的話：『不要把自己逼到絕境去。』」

隊長郭顯康形容，當他們歷經黑暗山路，遇見那第一盞路燈時，心裡直覺愛迪生真是個偉大人物；抵達第一個有人跡的村落時，聽見不遠處傳來的家庭卡拉OK聲，簡直如聆賞天籟般，令人感動得痛哭流涕。

在環島路上 沒有陌生人

4個人也相當感念一路上遇見許多貴人相助，才能順利完成旅程。郭顯康記得，從決定租借協力車開始，大夥兒就遇上了難題。原本答應要租借交通工具的廠商竟臨時取消租借，還好原本並未提供租借服務的KHS功學社，願意大方出租2輛全新的協力車，光一輛造價就高達3萬元。

吳龍翔說，這2輛協力車後來在2週的折磨後，早已不成「車樣」，車頭歪掉、手把破損，輪框也早已變形，原本堅固的擋泥板已經搖搖欲墜。走過每天都在下雨的東部泥濘路，整輛車早已換上泥巴新裝了。但是廠商卻一點也沒為難他們，出租時的條件就這麼一個：「只要整輛車回來就好了。」

旅程中若是遇上一連爆胎4次，脾氣再好的人都難免要動肝火了。第3天，一行人來到礁溪，頭一次遇上爆胎，頭一次花了整整3個小時才搞定，卻仍一路爆胎。不過4兄弟也沒為此爭執，他們4人8手一起研究如何換內胎。所幸路上遇見好心騎士指點，原來是外胎有小裂縫，才導致內胎爆破。這一路上，他們從單車門外漢進階成為換胎高手，原本得要揮汗如雨才能換好的內胎，現在兩三下就輕鬆解決。

騎協力車出遊就已經夠醒目了，4兄弟還將特別製作的隊旗插在車子後方，路過的車輛都會自動搖下車窗，為他們加油打氣。那瞬間，身體的痠痛就能夠稍稍得到緩解，4人臉上的笑容刻痕也更深了。

騎到新北市雙溪區的那一晚，風雨交加，夜幕低垂，飢腸轆轆的脾胃也開始在折磨人心。在人生地不熟的小鄉鎮，4人急著向店家打聽住宿，然後狼狽地趕往陌生民宿。那晚，小民宿的飯廳裡香氣四溢，老闆下廚準備了一桌佳餚犒賞4兄弟，卻只收取每人

・車隊成員選擇2輪4腳踏遍全臺。

・4個人在這趟旅行中友情迅速加溫。

200元的住宿費。那晚，茶足飯飽後，滿心感動地進入了夢鄉。

冬划獨木舟 考驗好默契

旅程中最酷的一段路程發生在東北角龍門，這是青輔會所列的壯遊點之一，他們騎著協力車，要到龍門露營地體驗划獨木舟。

低溫的冬季裡，4人穿上救生衣，去溪流裡划舟。「划獨木舟跟騎協力車一樣，也都是要互相配合的。」吳龍翔解釋，泛舟是得往下游走，而他們則是往上游划行，此時，2人必須發揮默契，找到合適的角度，才能順利地往上游划去。

「要不要翻船？」這是教練提出的問題，翻船下水，泡在河流裡游泳，是夏天行舟的必要行程，不過在這個冷颼颼的天氣裡，還要下水嗎？「好呀！」4個人也相當乾脆。決定了之後，沒有太多的猶豫，2艘船有默契地將船身傾往一邊，撲通一聲，船翻了，他們瞬間落水。「超冷的！」吳龍翔笑著說，下水的那一刻，自己就像支冰棒，幾乎失去了知覺。尤其上岸的那一刻，寒風陣陣襲來，他才發現自己的嘴唇已經像窒息一樣，立即變成了紫色。不過，4個人一點兒也不以為意，他們拿著事先準備好的防水照相機，興奮地記錄著值得記憶的一刻。

在花蓮，他們遇上郭顯康的偶像，日本單車環遊世界的紀錄保持者石田裕輔。石田裕輔騎著自行車跨越5大洲、走過87個國家，花了長達7年5個月時間，回國後寫下《不去會死！》一書，記錄了旅程的點點滴滴。

郭顯康對石田裕輔的黝黑膚色印象深刻，原本還以為他是當地原住民。相互攀談後，這位作家對於4人騎協力車環臺的「創意」行徑印象深刻，石田裕輔特別為4人拍下照片，希望將他們的故事放在自己正在撰寫的雜誌文章中。

．寒冬體驗獨木舟，是這段旅程難忘的回憶之一。

這不是4個人頭一次環島，過去，大家就曾經邀約三五好友騎摩托車環臺，然而，協力車與摩托車如此迥異的交通工具，讓出遊所帶回來的滿滿記憶也截然不同。因為騎乘協力車的「慢速」，讓4個活潑的大男生能夠有機會欣賞身邊的風景，有時間和身邊的人發生互動，並且更有餘裕一起聊天說話。

要相信自己 也相信友情

4個人永遠記得，當兵前的那個冬天，他們環島、他們翻船，他們在低溫中重生，他們嘗試過騎乘協力車上坡的苦，還有什麼比這些事情更值得念念不忘的？隊長說：「這趟旅程足夠讓我炫耀8輩子，足夠讓我們這群好友聊一生。」吳龍翔補充說道：「我們4個人比親兄弟還親，完成騎協力車環島的壯舉，是我們目前做過最瘋狂的事了。」

石田裕輔在《不去會死！》書中描寫自己踏上飛機那一刻、心裡混亂難明的複雜思緒，讀來讓人驚訝，原來那次的旅程竟只是他第2次的出國。他努力地收起緊張的情緒，深吸口氣：「我想，自己終於脫離『安全地帶』了。」同樣的，在海峽另一端的臺灣，4位超級好朋友，在20歲年紀裡，完成了未來可能一輩子再也沒有機會去做的事。

對他們來說，「協力車」只是個工具，幫助他們的「意志」走向訂下的目標，完成年輕的夢想。出發，要趁早！＊

後記

這趟旅程足夠讓我們炫耀8輩子，也可以讓我們這群好友聊一生了。一開始，我們就遇上了很多的困難，甚至連最基本的單車租借都讓我們吃足了苦頭。啟程後，我們才發現，原來計畫與現實相差甚遠，協力車的行進速度實在太慢，整個計畫都被打亂了。途中確實遇到很多有趣的事、很難忘的人，這大概是怎麼說也說不完的。

最後，感謝青輔會給我們這次機會，還有這群患難與共的死黨們，這一次的旅程令人永生難忘。

中部廖氏家族尋根之旅

跟隨祖先的腳步追根溯源

撰文／**莊馨云** 攝影／**林志騏** 圖片提供／**廖先鋒隊車隊**

團隊名稱：

廖先鋒隊

計畫名稱：

從二崙、港尾到豐原——追尋廖朝孔公的足跡

團隊介紹：

廖家3兄妹：大哥廖宜岑、雙胞胎姊妹廖宜雰和廖宜霈，以及大哥的女友吳瑞芬，騎著單車，尋訪當年來臺開墾的祖先廖朝孔公，一路由雲林往臺中墾拓的路線。身為廖家的後代，透過這樣的尋根探訪，更加深了家族的認同與感念。名為「廖先鋒隊」，除了表示探訪的臺中廖氏家族祖先為開墾臺中的先鋒之一外，也意味著隔了百年的後代，仍然不忘祖先的精神，繼續秉持著開創先鋒的祖訓，創先以單車進行尋根之旅。

臺中 2009/10/31

臺中港尾溪（圳道最後注入處）→大雅馬岡厝→神岡→豐原市葫蘆墩公園→豐原市頂角潭至大甲溪引水口→直接騎回臺中市

雲林 2010/01/30

雲林二崙垂裕堂→二崙崇遠堂→舊西螺大橋→夜宿彰化市

總里程數
130 km

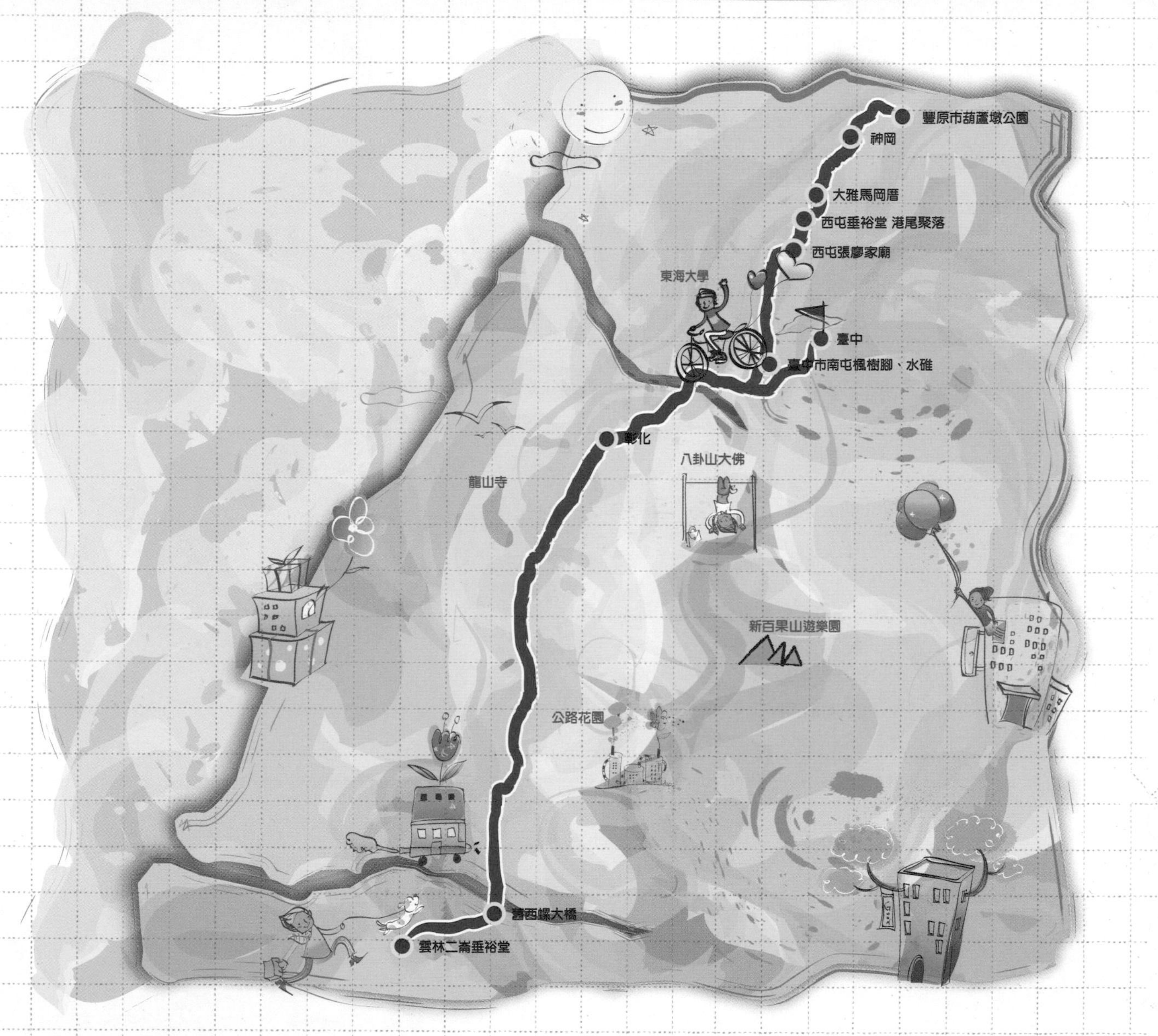

彰化 2010/01/31

彰化市→臺中市南屯楓樹腳、水碓→西屯張廖家廟→西屯垂裕堂→港尾聚落巡禮→港尾三合院

比起動輒數百公里的單車騎乘，或是挑戰單日最遠的騎乘距離，「廖先鋒隊」的單車壯遊之旅似乎就顯得不夠搶眼，甚至有些微不足道，畢竟單純從短短3天2夜130公里總騎乘數的幾個簡單數字組合，並無法感受出所謂的「壯遊」之意。

但是，如果這是追尋百年前祖先墾拓的腳步之旅，足下的踏板在先人的拓墾遺跡上穩健的踩踏著，當單車輪胎的痕跡緩緩滑經這些路段，時光彷彿慢慢流動回到百年前，廖家祖先們用堅定的毅力與穩健的步伐，一步步用雙腳走過、用雙手開墾過的畫面皆在眼前浮現……。誰還敢說這不是真正的單車壯遊！

美麗衝突：觸動心中想望

再也尋常不過的夏日早晨，空氣中瀰漫著如常的燥熱。一邊吃著早餐，一邊隨意瀏覽報紙的廖宜岑，下意識的被報紙上的「單車壯遊」幾個醒目的字所吸引，專心地閱讀了起來，這幾個字彷彿觸動了心中某個部分，開始有些想法在心中蠢蠢欲動。

隨後，與媽媽的閒聊當中，提及了位於鄉下的三合院祖宅即將面臨拆遷的命運，以及祖先的過往等相關事情，腦袋中頓時有個火花閃過，原本因為單車壯遊而蠢蠢欲動的想法，瞬間具體成形。就這樣，用單車來探索祖先墾拓痕跡的計畫，就此展開。

．廖家三兄妹與大哥女友共同展開單車尋根之旅。

單車，是近幾年來非常熱門的休閒活動，彷彿你不會騎單車就跟不上時代的潮流一般；單車所引領的時尚，已經成為本世紀最受歡迎的風潮之一。相較之下，探訪祖先根源這件事情，感覺起來有點老派，好像不是現代年輕人會做的事情。

單車潮流與尋根溯本，看似毫不相干的2件事，甚至有著一新一舊的衝突，在廖宜岑的計畫下，卻成了一場美麗的邂逅。

廖先鋒隊受訪時，拿著企畫書陳述這一趟壯遊的點滴回憶。

既然是探訪祖先的活動，當然要找自家人加入。於是，還未事先徵得同意，廖宜岑自顧自地把一對雙胞胎妹妹宜雰和宜霈納入車隊，而感情穩定的女友瑞芬當然也不能略過。待計畫內容大致確認後，宜岑用電話告知當時還在臺北唸書的妹妹們，順利取得她們的同意，「廖先鋒隊」自此誕生。

完美上路：來自縝密計畫

為了這趟單車尋根之旅，廖家3兄妹開始積極進行廣泛的資料蒐集，並大量閱讀前人所撰寫的書籍及家族中留下的史料。

他們逐漸將祖先廖朝孔公當年從雲林二崙開始一路往北行經彰化，落腳臺中的足跡給勾勒出來，並且規劃好騎乘的路線。在起初的2天，車隊走訪自康熙年間即設置的「郁永河路線」和「半線到葫蘆墩古道」部分路段；到了第3天，他們沿著葫蘆墩圳的圳路騎乘，尋訪當年廖朝孔公所修築渠道在目前的分布狀況。

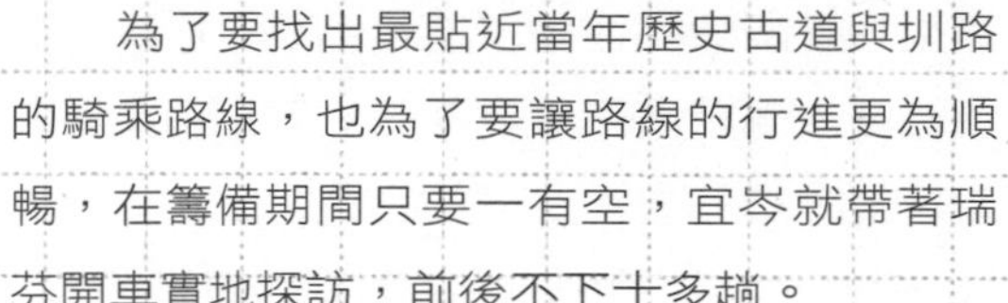

為了要找出最貼近當年歷史古道與圳路的騎乘路線，也為了要讓路線的行進更為順暢，在籌備期間只要一有空，宜岑就帶著瑞芬開車實地探訪，前後不下十多趟。

宜岑回想起當初的探勘路線，苦笑著說，已經算不清楚自己有多少次迷路在窄小又宛如迷宮般錯綜複雜的圳路中。宜雰則忍不住慶幸說，還好當時和妹妹都因為學業不方便經常回家，否則也得一次次跟著迷路。但也多虧了宜岑的辛苦探勘，讓整個計畫在真正執行時，得以完美進行。

為了這項活動，不僅是廖家的孩子積極參與，爸媽也用最實際的態度給予支持和鼓勵。在3天2夜的騎乘活動當中，廖爸爸和廖媽媽也全程開車跟在後頭，扮演後勤補給及支援的角色，做為子女們在騎乘中最安心的後盾。經過這樣的行程下來，無形之中，也讓全家人的心，更緊密地連結在一起！

光榮印記：重返廖家起點

廖朝孔公是臺中地區開發史上非常重要的人物之一，在清朝康熙年間，他率領了族人由南到北，用雙腳和雙手開墾修築出龐大的農田灌溉系統與水圳，而迄今這些灌溉系統與水圳大部分仍然在使用中。

行程一開始，以雲林二崙的廖氏家族祠堂——垂裕堂做為起點。早期廖朝孔公初抵達臺灣之時，便是以二崙為第一個落腳處，

隨後才逐漸往北移動。沿途也陸續拜訪了位在西螺的崇遠堂、臺中港尾的老家和清武家廟等當年祖先曾經定居過的據點。看著祠堂內，以祖先名字為起始的對聯，還有年代已久的匾額，在裊裊香煙代代薰陶下，更加顯現出歷史的味道。

宜霈憶起小時候，僅是懵懵懂懂跟著大人的指示，焚香跪拜，卻有些不知其所以然；但經過這次的尋根之旅後，才算是對自己的祖先有了更深入的認識。

雙胞胎中的姊姊宜雰談到，國中時期第一次知道自己原來是臺中地區開墾始祖之一的後代子孫，心中其實沒有太大的感覺，只是經常在和同學的談笑間，為自己出身望族而感到虛榮；但是這樣的虛榮感，虛幻又不切實際。直到著手進行這趟單車壯遊之旅，從史料中、路線探勘及實際的騎乘當中，才慢慢改變。原本身為名人後代的虛榮，因為認識而演變為打從心裡的欽佩。「這時，我才深深體會到祖先的光榮印記，而身為後代的我們，更應該保存與延續這份歷史。」宜雰如此表示。

相較於廖家子女透過尋根之旅，更加認識與貼近祖先的這種經驗，對於家族從祖父那一代才自廣東移居高雄的瑞芬而言，這次的經驗更顯得珍貴。瑞芬提到，小時候每次看同學過年時，全家都要回老家團圓，她總是忍不住問媽媽，為什麼我們沒有老家可

・單車是最貼近土地的交通工具，廖家兄妹更以單車貼近先人足跡。

回？在這趟旅程中，瑞芬覺得很榮幸有這個機會走訪先人的遺跡，親身感受到回老家探望的滋味，也引發追根溯源的欲望。旅行之後，瑞芬說：「也許有一天，我也會回到故鄉廣州，騎著單車尋訪屬於自己家族的光榮印記。」

穿越田野：發現尋常之美

除了探訪先人華路藍縷的開墾足跡之外，整個騎乘路線中，穿越了鄉村與田野，

言，樹就是樹、野花就是野花，但短短的3天2夜行程下來，在廖氏兄妹的帶領解說下，她也跟著認識了許多不同的植物，也知道如何從植物的特徵上來辨別每一種植物的特色，這也成為這趟旅程中的收穫之一。

主導這次活動的宜岑表示，其實沿途的花草樹木，一開始也不是每一種都認得，遇到不認識的樹種或花草，就立即拍照留存，回家後再翻查植物圖鑑，比對正確的名稱並加以記錄。也因為正是花了心思去查找的，因此印象特別深刻。一趟旅程下來，大家也都快成為植物達人。

騎單車旅行還有一項好處，可以用一種不疾不徐的速度，感覺陽光的溫度、享受風吹拂過臉龐的輕柔，還有放眼望去一整片波斯菊花海的浪漫，這些都是開車或者走路時所無法體驗的。宜霈認為，比起先人當初是也經過了城市和小鎮，以往在眼中毫不特別的景色，卻因為利用了單車這項交通工具，以剛剛好的速度行進，讓這4個人有了機會體驗尋常中的美麗景致。

沿途行經的道路兩旁各具特色的行道樹，或是圳路邊一整片盛開的野花，都成為一幕幕雅致迷人的風景。邊騎車邊欣賞宜人的景色之外，這4個人也非常仔細地記錄沿途的行道樹與野花的種類。

瑞芬笑著說，在這趟行程之前，對她而

・兄妹們一起旅行，創造出許多美好的共同回憶。

用雙腳在一片荒蕪中走出一條條的道路；同樣的路，卻讓騎單車的他們更加感受到自己所擁有的幸福。而這一份幸福，正是因為有先人辛苦付出的成果。

宜霽回想到這次在騎乘過程中，他們還行經了臺中楓樹腳社區，這個社區的總體規畫讓她留下了深刻的印象，不但有安全舒適的單車專用道，社區內還有一間無人看管的誠實商店，不難想像當地居民對於自己社區的那份用心、信賴及榮譽感。他們也在騎乘當中，巧遇了小鎮上正在舉行的廟會活動，4個人或牽或騎地穿梭在遊行行列中，對於土地、鄉土的認同感更加深刻。

鮮明回憶：不只是尋根旅

騎車途中，當然也免不了要品嘗各地小吃，除了補充體力，也算是犒賞自己的方式。從雲林一路往臺中，他們邊走邊嘗，光是肉圓這項小吃，就有多種不同滋味，也顯示出每個地區在味道上的特色，當心血來潮

地走進一間不起眼的餐廳，亦有可能發現令人讚嘆的美味。

這趟3天2夜的旅程只是尋根之旅，對，卻也不對。除了尋根這項重頭戲之外，4個人也充分享受了大自然的美麗與騎乘單車的樂趣。為了讓更多人體驗這條路線，大哥宜岑也非常貼心地將路線仔細在地圖上標示出來；而且除了這次的路線之外，還提供了多條可以向外延伸的單車專用騎乘路線。宜岑認為，不見得每個人對廖氏家族的尋根之旅感到興趣，所以透過這些資料的提供，能夠讓其他人在路線上更有彈性，甚至吸引更多人加入單車騎乘的行列。

雖然這次只是一趟總里程數約130公里的單車之旅，大家也在開心的氣氛中完成了，但當中還是免不了有些小狀況。像平日習慣以機車代步的瑞芬，途中騎到腳抽筋；而宜雰也曾在路上硬撐著發燒的身體，無意識地雙腳踩踏著。但她們卻沒有想過要放棄，畢竟這樣的機會，錯過了一次，以後可能不會再有了。這就像宜雰所說的，對自己而言，這趟單車壯遊，很像是一次離開學校、進入社會的成年禮。

大家都沒有把握，在即將為了工作而越來越繁忙的將來，是否還有機會4個人一起來趟單車之旅，但是不可否認的，那年的單車壯遊尋根之旅，肯定會成為鮮明的回憶，烙印在每個人的心裡，久久不滅！＊

後記

路線橫跨都市與鄉村，在都市中體會生活的便利；而在鄉村中享受傳統生活中的寧靜，彷彿訴說著祖先的生活環境：當年沒有公路、沒有路標、沒有交通工具，完全倚靠自己的雙腳一步步從二崙走到臺中，在臺中貧瘠的荒地上，大家捲起衣袖，一鋤一耙慢慢開挖出葫蘆墩圳。

祖先把畢生精力貢獻於此，才造就現在繁榮的生活環境，回想起當年廖朝孔公在走古道、開墾圳路時，那辛苦絕對遠超過我們此行所碰到的困難，想到此，所有艱辛皆拋諸腦後，繼續用力踩下踏板，往前邁進。

・雖然總里程數只有130公里，但4人都認為這是一生一次的成年禮。

啟程 讓生命步入另一個風景

女性自我培力之旅

撰文／**彭欣喬** 攝影／**林志騏** 圖片提供／**啟程車隊**

團隊名稱：

啟程

計畫名稱：

單車．新穎．臺灣

團隊介紹：

黃斐新、王怡穎，2個芳齡22的女生，選擇出發，原因很簡單：為了一圓單車夢。26天的單車行，展開了探索自己的「啟程」之旅，也是一場女性自我培力之旅。

淡水 2009/12/05

行天宮→淡水女學堂→小白宮→真理大學

金山 2009/12/07

三角渡船頭→淺水灣→金山青年活動中心

礁溪 2009/12/08

貢寮核四廠→鹽寮反核自救會→礁溪溫泉

花蓮 2009/12/09

宜蘭市→花蓮縣秀林鄉慰安所遺址

花蓮 2009/12/10

七星潭→太魯閣

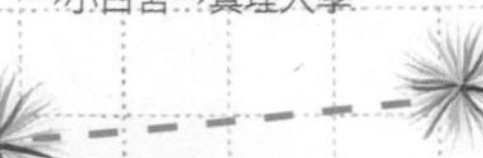
總里程數
456 km

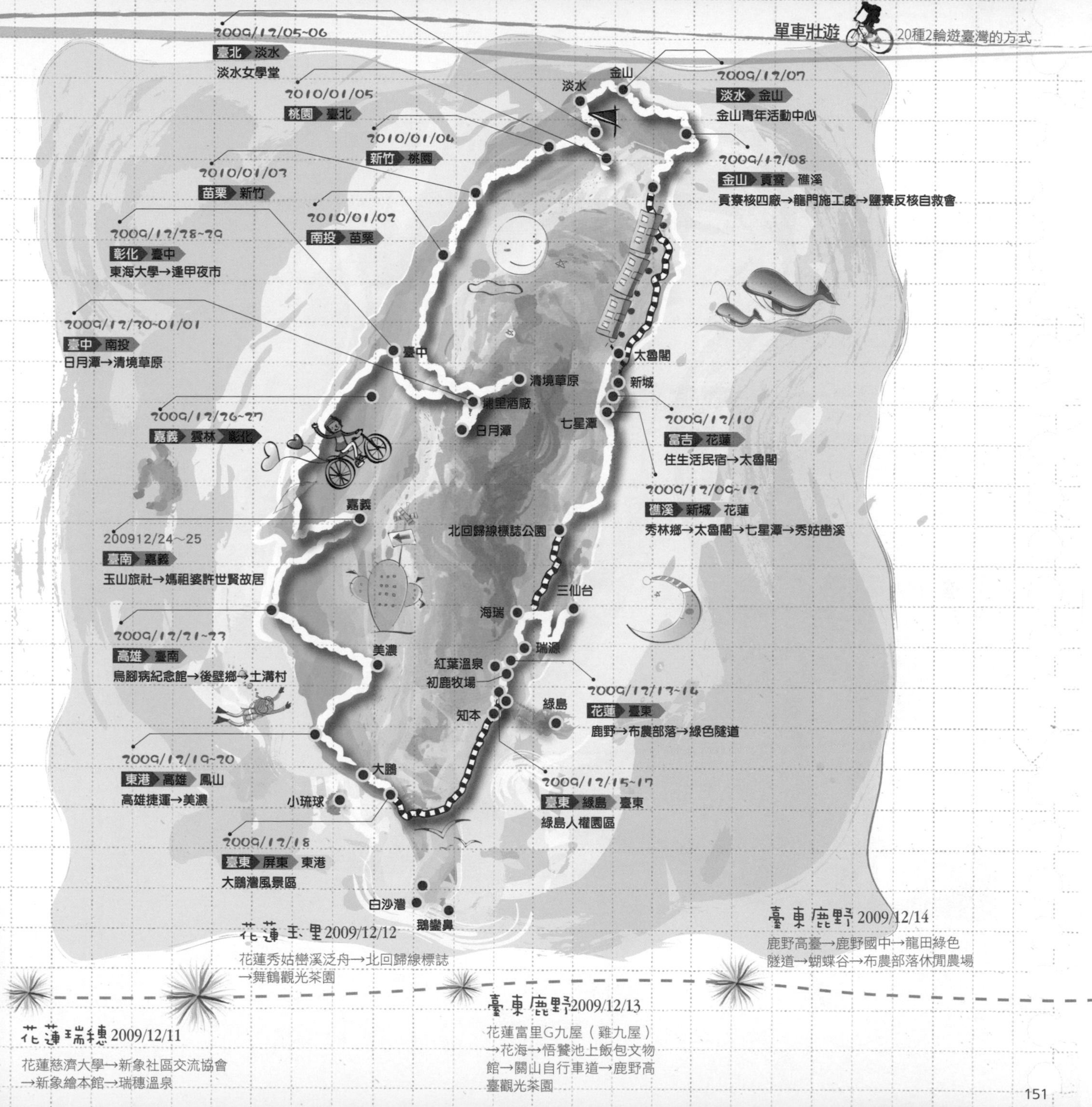

花蓮玉里2009/12/12

花蓮秀姑巒溪泛舟→北回歸線標誌→舞鶴觀光茶園

臺東鹿野2009/12/14

鹿野高臺→鹿野國中→龍田綠色隧道→蝴蝶谷→布農部落休閒農場

花蓮瑞穗2009/12/11

花蓮慈濟大學→新象社區交流協會→新象繪本館→瑞穗溫泉

臺東鹿野2009/12/13

花蓮富里G九屋（雞九屋）→花海→悟饕池上飯包文物館→關山自行車道→鹿野高臺觀光茶園

2個芳齡22歲的女生，大學畢業後已工作快一年的她們，因為無法在職場中獲得成就感，因此亟欲對生活做出改變。

開啟人生全新觀點與視野

怡穎是斐新大學同校同學，2人雖不同系，但因選修人權課程而結識。雖然當初起頭的是斐新，然而怡穎卻更加義無反顧，甚至做好離職的打算，準備展開探索不一樣自己的「啟程」之旅。

斐新表示，「啟程」這個車隊名字看來雖然普通，不過如果沒有踩出第一步，計畫也不可能開始。她們以「單車・新穎・臺灣」為旅程下標，以3個重要元素點出2項意涵：從2人名字中各取一字組合成的「新穎」，不只代表她們2人，同時也代表著，希望藉由單車跟國內外的朋友分享新穎的臺灣，希望帶來新觀點及新視野。

為了在匆忙之間可以順利提案成功，2人穿梭於書店間尋找單車壯遊資料。不過，行程內容可以規劃，但是，旅途中可能會遇上的種種困境，卻令人始料未及；又或者，即使得以預料卻依舊難以避免。出發前，內心都有著對未知行程的恐懼，包括體力不足、經費不夠，或者當對方想放棄時，是否該繼續下去……。種種疑慮讓她們對自己能否騎完全程充滿懷疑，以至於至今回想起這段經歷，怡穎都覺得不可思議。

・秀姑巒溪泛舟

臺東 2009/12/15
臺東卑南巴拉冠→國立臺灣史前文化博物館

綠島 2009/12/16
朝日溫泉

綠島 2009/12/17
浮潛→綠島人權文化園區

屏東 2009/12/18~19
屏東東港→大鵬灣國家風景區

高雄 2009/12/20
大樹鄉三和瓦窯廠→美濃林家
→美濃客家文物館→美濃自行車

除了個人身體和心理層面的考驗外，旅伴之間的互動也是一種挑戰。儘管斐新和怡穎2人在校時曾一起舉辦活動，不過並不算熟稔，使得她們在旅程的第一天就因夜騎而起了一些小爭執。所幸隨著時間的磨合，逐漸熟悉彼此，溝通協調的時間也愈來愈少，因而能攜手扶持完成這項壯舉。斐新表示，平常遇到衝突，大不了閉上嘴轉身離去，然而這次卻不行，必須學習溝通來解決問題。

成員們與《女人屐痕》編者之一的范情（中）合影。

2個女生的自我培力之旅

由於2人結識於人權課程，再加上主導提案的斐新對此議題有著濃厚的興趣，因此她們選擇「女性培力與人權之旅」為實踐計畫的主題，希望走出象牙塔，探索過去被隱沒的女性和人權地標。

斐新表示，之前閱讀《女人屐痕：臺灣女性文化地標》一書的序時，有一段話令她印象深刻：「地圖不只標示地理位置，也指引我們如何看世界。」而「充權觀點」是女性主義運動中最重要的精神，所謂「女性培力」，就是讓女性發展出自主能力去開創未來，她和怡穎這趟旅程本身，就是2個女生的自我培力之旅。

在她們選擇的相關景點中，斐新對於位於花蓮秀林鄉山洞的慰安婦所特別有感觸。這處昔日的日軍性招待所就位於原住民部落旁，白天婦女必須在軍營洗碗、打雜，入夜後扮演慰安婦的角色，她們工作與受迫害的地點相隔如此接近；如今，這處戰爭受害者的遺跡已湮沒於荒煙蔓草間，遺留下來的後代多不願再提及，這道女性傷痕似乎被後人刻意忽略。

怡穎則因臺灣首間教女孩子識字的淡水女學堂，看到了存在繁華大城市中的「第四世界」，她表示：「相較於臺灣早期很晚才讓女孩讀書識字，在21世紀的今天，依然有許多孩子們無法求學，很小就在打零工維持

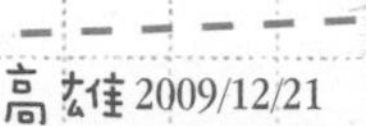
2009/12/21
鳳山市東便門打鐵街→高雄捷運美麗島站→高雄天主教玫瑰聖母堂

臺南 2009/12/22
臺灣烏腳病醫療紀念館→七股鹽山→七股潟湖、麻豆碗粿

臺南 2009/12/23
安平古堡→億載金城

2009/12/24
後壁鄉土溝村→新營無米樂菁寮社區→北回歸線文化廣場→嘉義市玉山旅社

嘉義 2009/12/25
洪雅書店→阿里山森林遊樂區→許世賢故居→順天堂醫院

溫飽，於補貼家用的惡劣處境中掙扎。」

除了女權、人權之外，對於我們生長的土地也同樣必須尊重，怡穎和斐新在行經貢寮時，參觀了龍門發電廠。經過重重申請，平日不對外開放的核四廠接待了她們，並準備了詳細的簡報，而她們之後也和當地反核自救會的黃先生有了一次會談。這樣的會談下，她們驚訝於雙方觀點如此不同，好比發電廠表示排出的溫水都會事先經過處理，然而黃先生卻說，這樣的排水其實多少已經對海洋生態產生一定的影響。

斐新表示，由於政府資源充足，因此在政令宣導上占有優勢；至於一般人，則因曝光機會不高，使得他們的聲音難以被他人聽見。怡穎則驚訝於發電廠的破壞力，尤其在用電量如此龐大的現在，許多破壞的後果都得由大自然及生活於其中的人類與各種生物承擔。

・「新象繪本館」的陳麗雲醫師（中）。

・幫忙修內胎還帶來冰涼臺東釋迦的阿龍。

・旅程中遇見太魯閣族的小朋友們。

雲林、彰化 2009/12/26～27
斗六棒球場→西螺大橋→公路花園自行車道→鹿港天后宮、鹿港老街

臺中 2009/12/28～29
彰化扇形車庫→東海大學訪問范情老師

南投 2009/12/30～2010/01//01
埔里酒廠→日月潭→清境農場

苗栗 2010/01/02
三義木雕

新竹 2010/01/03
百年老街

桃園 2010/01/04
湖口老街→百年歲月創意餐坊

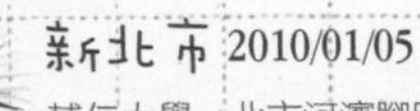

新北市 2010/01/05
輔仁大學→北市河濱腳踏車

人們總想要改變環境以符合需求，卻不知土地空間無法再生，她說：「海洋、山川都有極限，生物居住其間應是共存共榮，而不是傷害對方後也毀滅自己的生存方式。」如何在環境和經濟中取得平衡，確實考驗著人類的智慧。

聆聽村落與人情的老故事

除了拜訪具有歷史意義的地標，在各鄉鎮駐足聆聽在地人的故事與互動，也是「啟程」車隊的另一個目標。她們希望藉由如此不經意的交集，從容地去感受各地的自然與人文風情。

在行經臺南的途中，斐新意外從旅遊介紹中看到土溝村，她被圖片中一間由藝術家彩繪一大朵牡丹的三合院所吸引，於是決心親自走上一遭。她回憶起進入土溝村的情景，這是一座僅由獨一橋樑負起聯外責任的小村落，四周圍繞著農田，村內散布著三合院和民房，整個村子靜悄悄地，看不見什麼人，彷彿置身於寧靜的電影場景之中，偶爾才有幾個老人或婦女，從屋中探頭，並對來訪者投以好奇的目光。

這個場景讓斐新強烈感覺到農村人口外移的嚴重性，不過村內的門牌非常漂亮，家家戶戶都經過巧思設計，她們和村長聊過後才知道，由於土溝村人口老化且勞動力外流，所以村人發起社區營造，讓自己的家鄉

・在各鄉鎮駐足聆聽在地人的故事與互動，也是隊員另一個目標。

成為一處充滿特色的地方，因此連電線桿上也都能發現彩繪圖案。

之後，她們繼續深入臺南縣菁寮社區，抵達電影《無米樂》的拍攝地，當怡穎看到紀錄片中的殷煌明老伯出現眼前時，難掩興奮，老伯不但表演了一手彈棉被的工夫，還歡迎她們參觀，怡穎還買了個枕頭！不過，玩歸玩，怡穎還是不忘替辛勤的農夫發聲，希望臺灣多重視農業經營，因為糧食危機緊接石油危機而來，最珍貴的還是食物。

「人」是斐新在這趟旅程中感觸最深的一點，她認為臺灣很美，而臺灣人也是臺灣美的一部分。

她表示，旅途中遇到的人，讓她改變了對人的想法，過去她也曾看過很漂亮的人，但那些人卻無法長留腦海中，然而，旅途中她遇到很多平常根本不會注意到的人，但卻給予無私幫助，讓一股溫暖長駐心中。她說：「在臺北生活久了，很習慣任何東西都是『不二價』，一切都要照規矩及法條來，甚至連個免費的幫忙都顯得奢侈。」

而她們也是在這裡認識了另一個因看了電影《練習曲》而在一周內踏上個人環島之旅的宗龍。她們從他那得知位於臺東鹿野的倒地鈴民宿，經營該民宿的徐伯伯對於任何以徒步或騎車環島的人，均提供免費住宿。

．臺灣第一間教女孩子識字的淡水女學堂。

另一位令她們印象深刻的是，「新象繪本館」的陳麗雲醫師。正職為小兒科醫師的她，由於小時候家中只有2本書可看，所以希望讓偏遠部落的原住民小朋友，也能擁有閱讀的權利，因此盡己之力，以大量繪本供應小朋友的生命養分。而這些人的奉獻，讓斐新期許日後自己也能幫助他人。

對錯好壞都是經驗與收穫

歷經700多公里、一個月的行程，2個不太「和」的女生完成了她們的壯遊。

儘管曾經想放棄，怡穎還是咬著牙踩完全程。經過這趟旅程的洗禮，怡穎除了沿途的所見所聞讓她深感值得。對於未來，她更有自信與動力去克服未知的困難。她表示，相識容易相處難，但凡事有心最重要，如果沒有心，就會認為無法解決問題或不願解決，甚至不願嘗試。另外，過程是否有趣也很重要，因為不知道下一次是否會有同樣的體驗或經驗，不如放膽一試，對錯或好壞都是種收穫。怕黑的斐新，則很怕怡穎放手後一個人該如何面對，即使如此，她卻從未閃過放棄的念頭。

關於單車旅行的感想，斐新借用報導上看到，2位希望替日後將被拆除的眷村彩繪，並申請「高雄市圓夢計畫」的女生說的話：「嘗試過後若失敗，不會後悔，不試卻會一輩子不安。」這就是此次最大的體認。＊

後記

國小課本中有段課文一直記到現在，陳之藩〈謝天〉：「要感謝的人太多，不如就謝天吧。」什麼是謝天，為什麼要謝天？當時無法體會，只管背就是了。一路上，我們大都是接受多於給予，有些人後來上網查到名字，還有一些就成了熟悉的陌生人。「謝謝」也是這一路上出現率破百分之百的2個字；和以往在城市裡對店員隨口說的謝謝不同，我們領悟到，真心向一個人說謝謝是充滿能量的。

要感謝的人太多，不如讓我們一起用行動變魔法，讓更多人有機會向他人說謝謝，把溫暖傳下去。

揪團一起來 分時分段愛臺灣

饒富創意樂騎寶島

撰文／**謝禮仲** 攝影／**林志騏** 圖片提供／**T.W.N.車隊**

團隊名稱：

T.W.N.車隊

計畫名稱：

分時、分段、樂騎全寶島

團隊介紹：

蔡威廷，任職於電腦科技公司；林彥丞，單車壯遊計畫執行時，仍在撰寫碩士論文，現自行創業，代理荷蘭品牌單車，T.W.N.車隊成員們以分時、分段方式，花了共8週時間，利用星期假日，騎單車遊遍全臺各縣市鄉鎮的特色單車道，並透過網路，廣邀國內外人士共同參與，認識臺灣、行銷臺灣。

第一週 2009/11/01

新店捷運站→景美溪自行車道→木柵→深坑→基隆河自行車道→敦化南北路自行車道

第二週 2009/11/08

大稻埕單車出租站→淡水河單車道→關渡→淡水→八里自行車道→二重疏洪道

第三週 2009/11/20

臺北搭火車→花蓮→逛夜市

第三週 2009/11/21

花蓮→太魯閣→七星潭→南北濱自行車道→搭火車至瑞穗

第三週 2009/11/22

瑞穗→瑞穗自行車道→柚香蝶舞自行車道→乳香茶香自行車道→搭火車回臺北

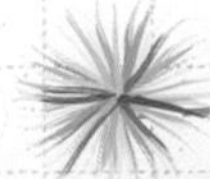

總里程數 387 km

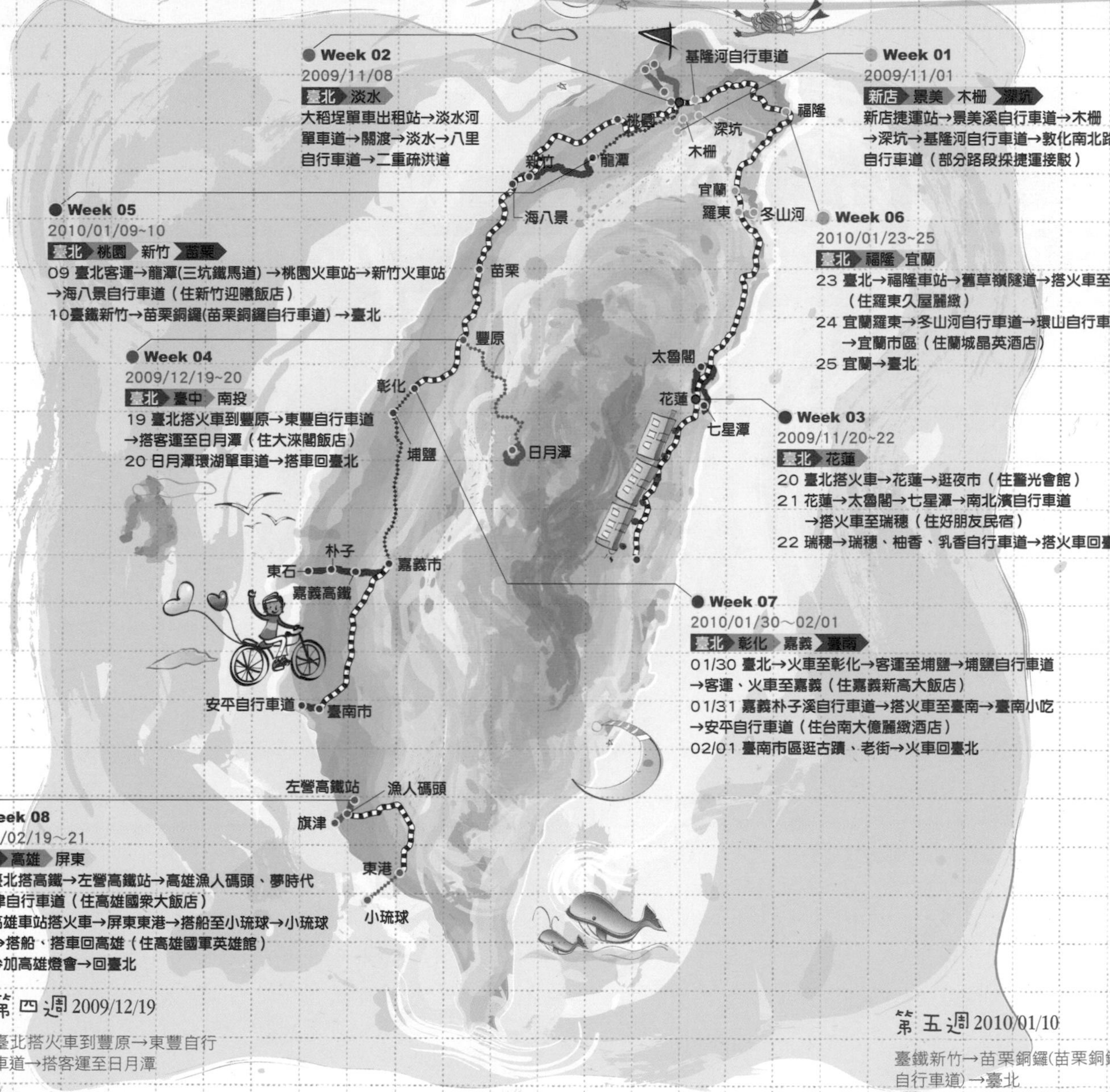

第四週 2009/12/19

臺北搭火車到豐原→東豐自行車道→搭客運至日月潭

第五週 2010/01/10

臺鐵新竹→苗栗銅鑼(苗栗銅鑼自行車道)→臺北

第五週 2010/01/09

臺北客運→龍潭（三坑鐵馬道） →桃園火車站→新竹火車站→海八景自行車道

第四週 2009/12/20

日月潭環湖單車道→搭車回臺北

· 大家騎乘淑女車進行日月潭環湖之旅。

「Why not？ We can do this！」就是這麼簡單，卻信心十足的2個大男生，一位是已在科技公司上班的蔡威廷，另一位則是當時還正忙著碩士論文的林彥丞，他們提出了「分時、分段、樂騎全寶島」的概念。

別出心裁的單車旅程

對於已經在上班的蔡威廷來說，身為剛踏入社會不久的新鮮人，想要在適應工作，且「被公司適應」的階段中，擠出7～10天的時間，從事馬不停蹄的單車環島，其實並不是一件容易的事。

從小跟著爸媽到處騎車的林彥丞，在看到青輔會的「青年單車壯遊臺灣」後，雖然體內愛動的基因熱烈激盪著，但還是擺在心裡，專心撰寫他的碩士論文，直到遇見多年好友——在科技公司上班的蔡威廷，2個好動的男孩，準備實現心中潛伏已久的想望。

威廷是個生長在高雄的南部小孩，學生時期在臺中度過，如今在臺北上班，同樣愛

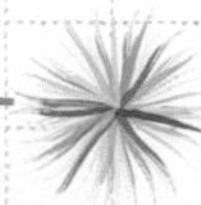

第六週 2010/01/23

臺北→福隆車站→舊草嶺隧道→搭火車至宜蘭羅東

第六週 2010/01/24

宜蘭羅東→冬山河自行車道→環山自行車道→宜蘭市區

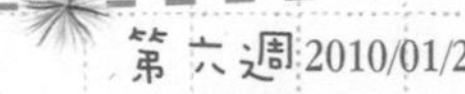

第六週 2010/01/25

宜蘭→臺北

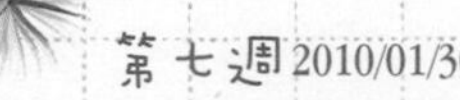

第七週 2010/01/30

臺北→火車至彰化→客運至埔鹽自行車道→客運、火車至嘉義

運動、愛騎車的他，聽到彥丞提及的「單車壯遊成年禮」，只說一句話：「Why not？We can do this！」他的積極自信讓彥丞壓抑許久的期待，產生了實現的可能。

對威廷來說，他的成長與求學經驗，加上平日就愛到處玩耍運動，對於規劃路線並沒有太大問題；而彥丞更是善於研擬計畫、勇於嘗試參與各項活動，於是，2人的分工彷彿水到渠成般自然——威廷負責規劃路線、彥丞撰擬企畫案並尋找可能的贊助。

有了初步共識，彼此卻苦無時間討論，因此「分時、分段」的想法跳了出來，「誰說一定要花個7天、10天環島全臺灣？時間很難喬，又很累」、「分時、分段、樂騎全寶島，最屌」、「學生、上班族、爸媽和小朋友、阿公及阿嬤的三代同堂家庭，都可以騎鐵馬，樂活遊臺灣」……，而這些靈光乍現的想法，成了2人計畫的主軸，也激盪出上述那幾段後來貼在臉書上、邀集同好加入騎乘的slogan！

曾經到德國當過交換學生一年的彥丞，看過國外單車道的優良騎乘環境，回國後也發現：臺灣各地建設並規劃單車道的熱潮方興未艾，如果有機會去騎騎，順便「體檢」各地的單車道，不也挺好的？又一個想法蹦出來與單車壯遊臺灣的計畫相互結合，2人的單車成年禮內容，因此更加的清楚且明確——利用星期假日，騎單車遊遍全臺各縣市鄉鎮的特色單車道。

．彥丞（左）與來自宏都拉斯的小莫。

創意增添環島新趣味

既然要去環島，2個大男生一起去，好像還缺了點什麼？曾有外國生活經驗的他們，看到許多外國觀光客來臺灣，通常只去些大城市、大景點，對臺灣認識有限，何不趁這個深入各縣市單車道的計畫執行之際，多找一些年輕人，一起實踐「節能減碳、樂活臺灣」計畫？

很早就開始使用facebook的彥丞說：「很多人上臉書都在玩遊戲，其實它主要的功能在於社交。」熟稔網路平臺特性的他，又為單車壯遊的內容增添了更豐厚的血肉，

第七週 2010/01/31
嘉義朴子溪自行車道→搭火車至臺南→臺南小吃→安平自行車道

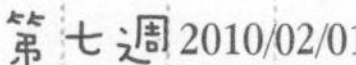

第七週 2010/02/01
臺南市區逛古蹟、老街→火車回臺北

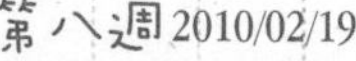

第八週 2010/02/19
臺北搭高鐵→左營高鐵站→高雄漁人碼頭、夢時代→旗津自行車道

第八週 2010/02/20
高雄車站搭火車至屏東東港→搭船至小琉球→小琉球環島→搭船、搭車回高雄

第八週 2010/02/21
參加高雄燈會→臺北

・一群人在龍山寺前祈禱老天不要下雨的有趣畫面。

・彥丞（左）與威廷藉由單車完成環島成年禮。

那就是運用資訊科技的便利與臉書（facebook）、推特（twitter）、噗浪（plurk），甚至沙發衝浪（Couch Surfing）等網路社群的力量，將「臺灣單車旅行」的概念對外宣傳，更邀集有興趣的年輕人，大家不分國籍的一起加入。

「獨騎樂不如眾騎樂」的idea成形之後，擅於玩網路與在科技公司上班的2個人，一起負責網站的經營維護，網路上的邀約飆速進行，同時，因為原本就有相當的英文能力，網路推廣可以中英文同時呈現，效果值得期待。

果不其然，前後分8個禮拜分段執行的「單車環島」，除了國內的年輕人，還有來自德國、奧地利、法國，乃至於來自宏都拉斯的國際友人一起加入，見證臺灣之美的旅程。

網路效益「國際化車隊」

第一週選擇新店、碧潭、景美單車道，延伸進入木柵、深坑的熱身旅程，讓分段環島有了很好的開始。第2週的臺北、淡水、八里的「淡水河系單車道」行程，網路強大的宣傳效益也發揮至極致，除了彥丞、威廷之外，從網路集結的Wanda和James，還有一位在臺灣工作的德國朋友Marek，一夥共11位原本認識或者不認識的年輕人，決定一同騎過美好歡樂的50公里。

第3週的花蓮、瑞穗之旅，又來了一位奧地利女生Mica，23歲就造訪過30多個國家的她，跟成員們一起看到令人讚嘆連連的太魯閣峽谷，騎過連臺灣人都不太知道的幾條單車路徑，直呼臺灣好美，令人印象深刻。

在呼朋引伴的過程中，網路無國界的

效益表露無遺，原來，自願帶領他們在花蓮旅行的「陳大哥」，是在臉書上看到這群年輕人的計畫，主動留言並擔任花蓮在地的導遊。他不僅帶著他們走覽了太魯閣、七星潭、南北濱單車道，還一起去了自強夜市，嘗到許多在地美食。

在瑞穗，他們也碰到熱心的「好朋友民宿」主人——謝大哥，身為瑞穗解說協會成員的他，知道這群年輕人在推廣單車活動，不僅贊助一晚住宿，還帶著他們騎過瑞穗單車道、謝大哥自己暫時命名的「柚香蝶舞單車道」，以及一手規劃的私房路線——「乳香茶香單車道」，著實實現了計畫中「帶領國外朋友深入臺灣角落」的願望。

宏都拉斯青年愛臺灣

特別值得一提的是，在所有參與計畫的外國朋友中，有位來自宏都拉斯的在臺留學生——小莫，他不僅參加了分段環島，還因此愛上單車、深愛臺灣，甚至成了彥丞的工作夥伴。

來自邦交國宏都拉斯的小莫，得到國家全額補助的獎學金，預計來臺5年，第一年全心學中文的他，只花了一年的時間，讓人驚訝其中文表達能力，竟然已經可以朗朗上口。而在與外國學生說明會上，小莫認識了彥丞，正巧也熟知青輔會的單車成年禮計畫，更巧的是：眼前就有一位正在執行計畫的人，這大好機會當然不會錯過，小莫於是成為後續南部單車遊程的成員之一。

跟一般外國在臺學生不太一樣，小莫並不太喜歡到bar、pub之類的社交活動，接觸了2次單車旅行之後，現在最大的樂趣就是在臺北騎單車，比當初那2位主辦人還要熱中。「我太愛臺灣了，我希望以後能夠住在臺灣！」小莫由衷地說道。在宏都拉斯，他也是騎單車上學，比起自己的國家，他表示，臺灣真是太好了，這裡的道路平坦，不像他的國家道路坡度起伏很大，尤其臺灣的交通相較於宏都拉斯，更是顯得有秩序得多！

跟著彥丞、威廷的2趟旅行，讓小莫見識到南部人的熱情。而印象深刻的單車道，則是那條路面畫著彩虹的彰化埔鹽，只要跟著彩色線條前進，就可深入各個角落，看見鄉下的美好樸實與悠然自在的環境。「高雄也很棒，那裡的道路寬敞，又有愛河。」彥丞補充說道。高雄的公共自行車非常方便，租借手續並不繁瑣，使用率很高，比起臺北只在信義區看到較多人使用的狀況來說，高雄的普及率與方便性更勝一籌。

對小莫來說，印象最好的莫過於小琉球，「我超愛小琉球！」小莫開心的說，一般人可能覺得小琉球的環島公路有點陡，但對於小莫，「那個坡不算什麼呀！」而且無論騎到哪，都有壯闊美麗的大海景觀，對愛海、愛自然的小莫來說，簡直如魚得水。

確實，對於經常騎車的人來說，小琉球的確是個好地方，雖然沿途常有上坡，但坡不算長，即便有些路段很陡，也只要挺一下就上去了，而且路上都設有里程標示，讓人很清楚地知道路況。

他們帶著小摺搭高雄捷運，見識到南部人的熱情。

找贊助節省住宿經費

這個名為「T.W.N.」的分段環島隊伍，除了善用網路邀集同好一起騎車之外，還有一個其他隊伍所沒有的「長處」，那就是，他們敢於尋求贊助！

在計畫此次單車成年禮之初，尋找贊助並不在構想之內，但或許是家庭與成長的經驗，彥丞決定進行嘗試，因為如果成功，也可以讓更多人一起享受節省費用的旅程。

宜蘭冬山河自行車道媲美歐洲。

有過撰寫報告、企畫案的經驗，彥丞開始從飯店業者著手。他認為，這個計畫有青輔會做後盾，而且他們的專案網站同時具有中英文，可讓國內外人士都知悉這個單車活動，並可藉此更加認識臺灣；同時，參加者來自臺灣與世界各國，他們也會透過部落格等網路平臺或者照片遊記，跟家人、朋友介紹精彩的旅程與所見所聞。這些所有可能的宣傳效益，對於願意贊助的業者，也應該有開發更多客源的效果。抱著姑且一試的心情，團隊竟然得到計畫之外的住宿贊助，堪稱「住得最豪華」的一隊。

對於尋求企業贊助的做法，彥丞覺得這對於年輕人而言，是一個很棒的磨練。將來出了社會，在未來的職場工作上，多多少少都會碰到需要提案、行銷、說服他人的狀況；此外，在他尋求贊助的過程中也發現，有不少企業非常願意做年輕化客層的推廣，況且，他們在執行的過程中也確實盡到為企業宣傳的承諾，而這些優惠也可以分享給同行的國內外友人，沒什麼不好。

青年成年禮如願完成

這個分時分段的單車環島計畫執行完畢之後，威廷回到科技公司上班，而隊長彥丞則因此開啟了另一段與單車相關的人生旅程。「我希望這個推廣臺灣騎單車的願望，不因為這個成年禮的完成而結束。」他說，許多團隊在活動終了後，網路上的行動也暫告一段落，但他希望在臉書上建置起的平臺，能夠繼續運轉下去。

或許，他們的騎乘活動不會像執行計畫時那麼頻繁，但依舊可以隨時提供臺灣單車旅行的訊息，讓國際友人取得認識臺灣的管道；若遇到適合的機會，大夥兒還是可以一起遊臺灣。這樣的持續，也算是為臺灣的國際外交，盡一點小小的心力。

因著這次計畫，也基於對單車的熱愛，彥丞希望自己的工作能夠與單車產生更密切的關聯，因此，他主動向荷蘭一家百年經典的單車生產商提案，爭取在臺代理該品牌自行車的機會，很幸運地，透過幾度的洽談，他如願取得代理權，成功創業。「非常感謝青輔會單車壯遊的活動，讓我更加認識自己，也讓自己確認未來想要努力的方向。」單車，陪他完成環島成年禮，也陪著他展開另一段嶄新的人生旅程。＊

計畫執行長達4個月，每周在網路上發布行程，邀請各路朋友，大家不分男女老少、不分國籍，一起騎單車認識臺灣，過程中，有非常多身邊的朋友，或者朋友的朋友、不認識的網友，甚至是美洲、歐洲、中南美洲的新朋友，都來加入騎乘，大家藉由自己安排的單車樂活行動，開心地認識了許多喜愛單車旅遊的同好。

而行程中最困難的是「時間掌握」和「體力評估」，雖然每位夥伴的體力不同，影響了行程順暢度，但我們都盡了最大的努力去完成目標。

尋訪老樹的故事

扎根青春‧扎根夢想

撰文／**廖威棋** 攝影／**林志騏** 圖片提供／**樹不樹要愛臺灣車隊**

團隊名稱：

樹不樹要愛臺灣

計畫名稱：

扎根

團隊介紹：

「樹不樹要愛臺灣」車隊由江昱德、呂權豪、林芳如、李孟佳、黃昱翔、郭峻延、高子涵所組成，他們花了8天7夜的時間，從高雄轉到臺北，就為了踏尋臺灣的老樹。他們希望年輕人到大都市求學的同時，也不忘泥土的柔軟與大地的芬芳。一路上，車隊留下豐富的旅程紀錄，都是珍貴的臺灣紀實；地理、獸醫與醫學等背景也充實了成員視野，大家利用所學發掘議題，省思人文自然的各種面向。車隊在輕搖的陰影下，傾聽老樹承載的歷史，收集臺灣土地的故事！

高雄 2010/08/20

高雄左營舊城國小榕樹爺爺

臺南孔廟大榕樹 2010/08/21

高雄→臺南→嘉義

嘉義 2010/08/22

嘉義高中雨豆樹→嘉義忠孝路榕樹下冰店→雲林古坑綠色隧道

南投 2010/08/23

竹山紫南宮老榕樹→水尾巷老茄苳→集集綠色隧道→集集樟樹公

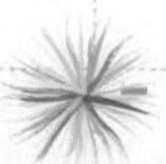

總里程數 488 km

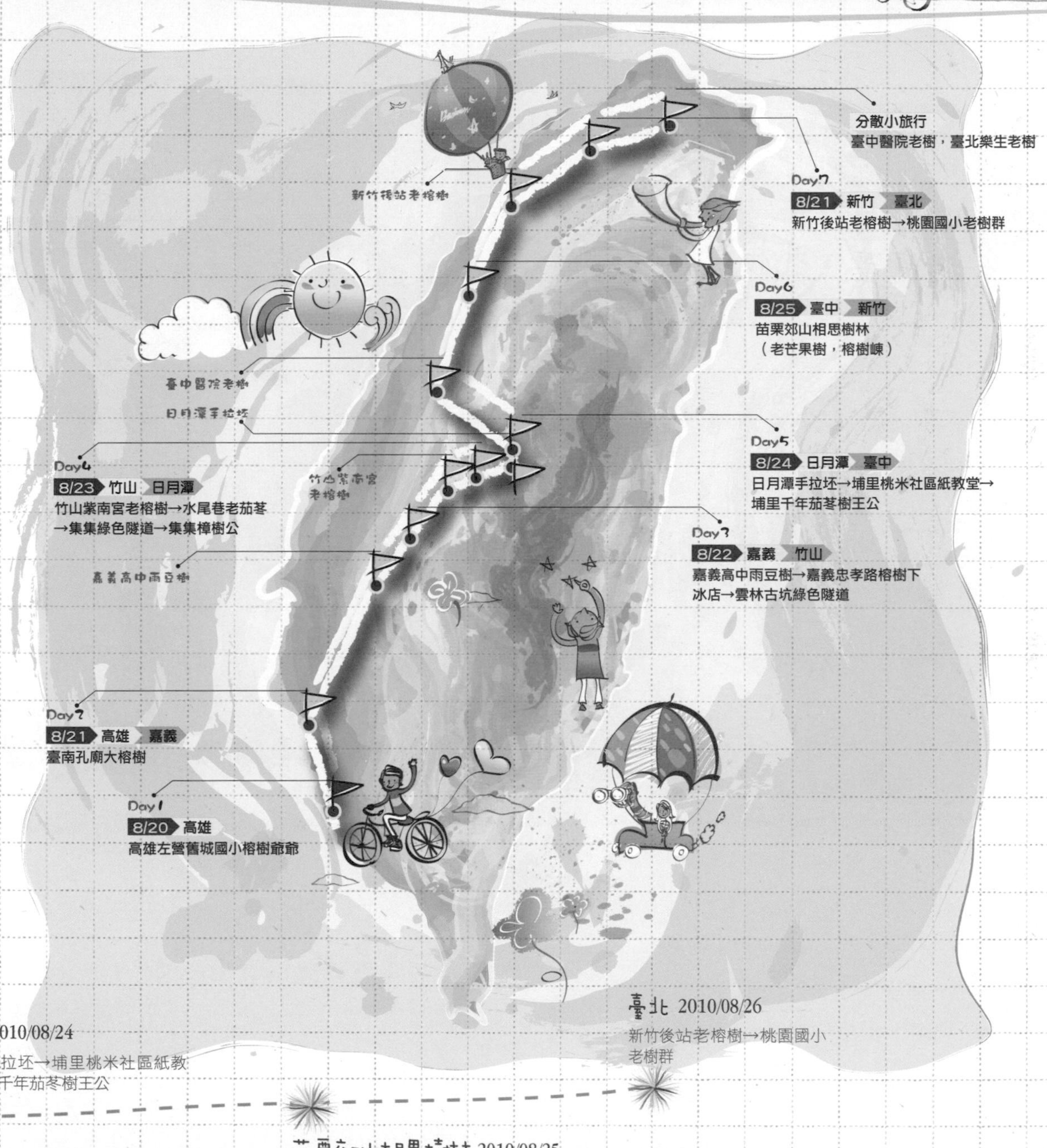

臺北 2010/08/26

新竹後站老榕樹→桃園國小老樹群

南投 2010/08/24

日月潭手拉坯→埔里桃米社區紙教堂→埔里千年茄苳樹王公

苗栗郊山相思樹林 2010/08/25

臺中→新竹

・舊城國小學童寫祝福卡片給「榕樹爺爺」。

還記得家後面、街角巷口、田中央的土地公廟旁，那棵像綠色大傘的老樹？「樹不樹要愛臺灣」這個由5位臺大地理系學生與朋友們組成的單車車隊，隊名取得逗趣，很像在某些競選場合可以聽到的口號，有些鄉土、有點草根。而實際上，他們的壯遊路線也很本土，騎著鐵馬，尋找在社區裡，默默守護著大家，卻被人遺忘的老樹。

走進社區與老樹邂逅

5位地理系學生對於土地有著與眾不同的熱情。與老樹邂逅，緣起於大一的必修課，教授要他們尋訪社區老樹，觀察人們與老樹的互動，同時記錄老樹周遭的故事。

這次的單車壯遊計畫花了8天7夜的時間，由南到北，年齡剛滿20歲的年輕人，遇見年長他們好幾10倍、甚至百倍的大樹，心生對於自然的敬畏及生命的重新省思。當土地不斷被開發，人們選擇遺忘過去，這些在地生存了非常久遠的大樹，似乎被忽視，隱形了一般……。跟著「樹不樹要愛臺灣」車隊，重新喚起了居民對大樹的重視。

在行動開始前，隊員們對於大樹的想像，編造的故事有如電影劇情。「我們在想，一棵老樹會有怎樣的故事？例如有情人在此等候私奔對象，對方沒來，情人憤而上吊自盡的情節；或是七爺、八爺的民俗故事那般，有人等在大樹下，颱風來了也不願離開……。」隊員七嘴八舌地說著。後來，關於居民對於大樹的記憶，蒐集到的大多極其平常，淡入生活之中，像是忘了樹的存在。

不過就如同空氣一般，大樹在當地，維繫了人與人之間的關係，在蔭涼處下棋、談天、曝曬食材、小孩爬樹、嬉戲……，農閒的日常景象，大樹成為不可或缺的一分子。

當初規劃路線時，除了原先於課堂所做的功課以外，大夥兒也到網路上去瀏覽，盡量不找重複性高，已受到關懷的大樹。其實，樹的保存，一直是生態領域關注的話題，但與單車環島結合，還是臺灣頭一遭。

學校、醫院、廟宇、療養院，甚至田埂上，車頭前掛著「尋訪老樹」的牌子，在能

‧大樹鬚根被套上水管保護，用以支撐老樹。

想像得到有大樹的地方，他們一一去找尋。但弔詭的是，都市難得一見的大樹，更該被珍惜，反而卻很少有樹被列為景點保護。所以他們沿著鄉村，轉動車輪，希望發掘更多樹的故事。

千年老樹的安靜守候

埔里的千年老茄苳樹令人驚豔，套句周星馳電影經典對白，「千年老樹竟藏於民宅之中，格外難找」。在土地公廟後方，樹四周圍著一層鐵皮；繞到樹的另一邊，想從這邊的房屋廢墟進入其中卻沒辦法，後來還是里長與地主取得聯繫，才能一探究竟。

身旁的姑婆芋、雜草長得比人還高，好像宮崎駿《魔法公主》的溫濕雨林。而開展在眼前，1,200歲的老茄苳樹令人嘆為觀止，雖然沒有神木般高大，但近4層樓高的挺拔姿態，亦不容小覷。樹蔭橫向發展，「枝首」遮天，站在樹下完全不怕太陽曬。

本來樹底下有間小廟，以往也有不少居民聚集，但後來因地權糾紛，廟被移走，地主將其用鐵欄圍住，大樹下從此杳無人煙，雜草叢生。美麗的景致無人維護，還封閉在圍籬之中，隊員們覺得煞是可惜。如此隱密的大樹，只有部分居民才知曉，也成了隊員此行驚喜的意外收穫。

但其中令人感傷的，莫過於臺南孔廟的老榕樹，那也是整個孔廟榕樹群中年紀最大的。佇立在孔廟庭園正中央的老榕樹，枝幹被砍去，車隊造訪時已瀕臨病危，那乾枯的老樹樣貌，很難想像當初也曾綠意盎然、生氣蓬勃。

為了更了解這棵老樹的故事，隊員們停歇於孔廟，但來往的人潮大部分都是觀光客，對於老樹的過往一無所知，只是覺得惋惜。「小時候我住在這附近，但從沒注意過老樹；真的就如同我們造訪多次的經驗，非得要等到老樹病了、死了，大家才會關注。」隊長高子涵說。不過，其中也有令人感到溫馨，關於樹與人的故事。那是他們行程中的第一棵老樹。

．街坊鄰居娓娓談起老樹的故事，車隊成員聽得津津有味，分外入神。

放慢腳步仔細聽故事

位於左營蓮池潭邊的舊城國小，有棵被小朋友尊稱為「榕樹爺爺」的老樹，遠遠看去，有點眼熟，好像某銀行的形象標誌，半圓形的樹冠就像一棵巨大磨菇，翠綠的葉片看起來相當健康。孩子手指著環繞在樹上的祈願卡說：「我們有寫願望在卡片上。」

輔導室主任提到學校百年時候，曾以老樹為logo，當時有許多為老榕樹設計的活動，教室牆上還掛了小朋友們畫的榕樹爺爺。在畫中，小朋友開心的盪鞦韆、爬樹，並在老樹底下遊玩……。

無限的想像代表了每個人對大樹的情感。校方對於老樹愛護有加，氣根還套上水管，收集鬚根，除了防止有人拉扯，也藉以長成新的粗壯樹幹來幫助老樹支撐，不會讓繁茂伸展的枝枒給壓垮。

如此美麗的樹下，成為此次壯遊慵懶的始業式，大家或坐或臥，各以最舒服的姿勢，有一搭沒一搭地討論著行程。一陣風吹來，老樹的鬚根飄呀飄，形成人與自然和平共處的優美畫面。

車隊成員們擔心首日的單車壯遊，會不會就這樣鬆散下去。不過，之後幾次造訪老樹與居民互動的經驗，他們選擇了深入當地，發掘更多老樹的故事，而不再掙扎是否該以趕路、追里程數為目標。騎著單車看風景，停下腳步聽故事，不也是單車壯遊的精神之一？

嘉義北興國中側門外的2棵老榕樹，還有個綽號叫「兄弟樹」。北興國中老師認為，嘉義出「兄弟」（黑道），樹枝交纏就像重義氣的兄弟搭肩一般。每天，同學騎腳踏車上下課時，從側門進出，2棵老榕樹像是學校側門的管理員一樣，庇蔭大家。這2棵樹樹齡有數10年之久，之前莫拉克颱風的侵襲，其中一棵的枝幹被吹斷，所以2棵樹不再緊密扶持，讓人深感惋惜。

而新竹車站後站，這裡曾是老宿舍區，現在已變成停車場。初曬不久的柏油地，冒

．臺南孔廟的老榕樹，掛滿民眾刻寫的祈福卡。

出些微的熱氣，停車場邊緣外的老房子，整排露出防火巷陳舊斑駁的一面，但像這樣頹老的建築，應該很快就要在此進行都市更新計畫，老房子很快就會被新屋所取代。一路仍然可見繁茂的榕樹與穿插的樟樹，綿延約500公尺，依茂密的鬚根及粗壯的樹幹推測，樹齡也有半百左右。

隊員們心裡在想，如此綠色的景象，很有可能像當初拆除的舊社區，被水泥所掩蓋。訪問附近的居民，大概是當初拆建時與負責單位有所齟齬，大家異常冷漠。曾經滿是紅磚黑瓦綠樹的清幽宿舍，如今變成了停車場，任誰都覺得可惜。

隊長高子涵說，在政府單位與建商的建設計畫中，大家常不把原本生長在本地的樹木當成一回事，以為只是一句「會將之遷移到別處安置」，聽起來似乎就算盡到責任，其實也不過只是換個地方而已。根據研究顯示，被搬遷的樹木大部分都活不久，那其實跟直接砍掉，結果是相同的，移至他處，只是便宜行事。

‧大眾爺祠旁的集集大樟樹，在當地居民生活中扮演重要的角色。

喚醒尊重生命的態度

在大家印象鮮明的記憶，除了一棵棵老樹，還有隊員們在騎乘中的難忘經驗，那是在「正常」的狀況下，他們絕不會做的事。

行經臺南，午後氣溫節節上升，飆到了攝氏37度，因此，他們前往孔廟附近的臺灣文學館稍作休息。臺文館涼爽的空調與舒適座椅，宛如催眠曲般誘惑著每個人闔上雙眼。現場許多位置已被當地居民與其他遊客占據，但為了前往下一個目的地，為了養精蓄銳，大家選擇加入其中行列，卻因為不好意思讓人看到，蓋上頭巾後才呼呼大睡。

感覺騎了好久、好累，大家終於到了嘉義的縣界；路上，他們還停留於北回歸線地標處，一同拍照並休息了一下。笑稱自己比地板還髒的隊員們，直接躺在地上，夜晚氣溫依舊悶熱，看著滿天的星斗，躺在地上的感想：「好涼爽，乾脆睡在這裡算了！」埔里到臺中，順坡，但大雨傾盆，十分危險。大家狼狽抵達其中一位成員在臺中的家，安慰了淋得不成人樣的車隊隊員。參觀了可以稱得上是豪宅的內部裝潢與硬體設備，大家驚呼連連，讚歎聲四起，完全不輸給見到老樹的驚奇，也算是旅程當中，值得回味的「景點」。

團隊中少數的女性林芳如說，旅行的意義，是在喚醒人們對於周遭土地的關懷，同時也讓自己隨之成長轉變，這亦是「樹不樹要愛臺灣」車隊的精神。一路上，隊員盡力把「身邊有『老樹』這般珍貴的事物」傳遞給在旅程上邂逅的人們，人們也回饋對於老樹、土地的回憶和故事。

重新發現老樹的存在，重溫人們與自然共存，就是一種尊敬生命的態度。學習珍惜身邊的每一件事物，不只是老樹，小至花草，都能窺見宇宙的奧妙，領略造物的神奇。最後他們說：「人不會老去，直到悔恨取代夢想。」這一段壯遊回憶在大學歲月中彌足珍貴，他們也會繼續懷抱著夢想，就如同老樹的故事，永遠流傳下去。＊

後記

在這一趟人與自然的旅程中，充滿尋常卻不平凡的感動。「扎根」之旅，就像一連串的小旅行，有著各種溫和的小感動，樸實而令人值得回味再三。

跨在單車上，向路人一次次詢問：「那棵很漂亮的老樹在哪裡？」在旁人熱心指點下，感覺到雙方心中都播下了一棵綠色種子。至於何時會長成大樹？不知道，但只要有扎根，將來就有一片青綠的希望！

低碳環保愛臺灣

探訪全臺環保景點

撰文／林小檜 攝影／楊文卿 圖片提供／低碳愛臺灣車隊

團隊名稱：

低碳愛臺灣車隊

計畫名稱：

單車環島：造訪低碳臺灣樂活行

團隊介紹：

陳致廷、楊佳偉、洪永宏以逆時針方式環島，利用12天時間完成。「環保減碳」為此次環島主題，沿途造訪臺灣各地綠色建築、再生能源設施、品嘗低碳食物，並參訪綠色企業，造訪林口自助環保加油站、宜蘭太陽能風能路燈、中興大學有機農夫市集、嘉義228紀念館等具環保減碳精神的景點，將參訪內容及照片上傳至部落格，與各地朋友分享旅程的感動。

桃園 2009/12/01

關渡→觀音→香山→竹南

苗栗 2009/12/02

竹南→後龍→通霄→大甲

彰化 2009/12/03

大甲→鹿港→虎尾→新港

臺南 2009/12/04

新港→北門→七股→臺南

高雄 2009/12/05

臺南→高雄→潮州→枋寮

屏東 2009/12/06

枋寮→車城→恆春→墾丁

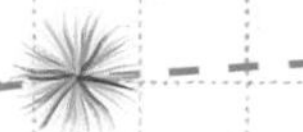

總里程數 1,300 km

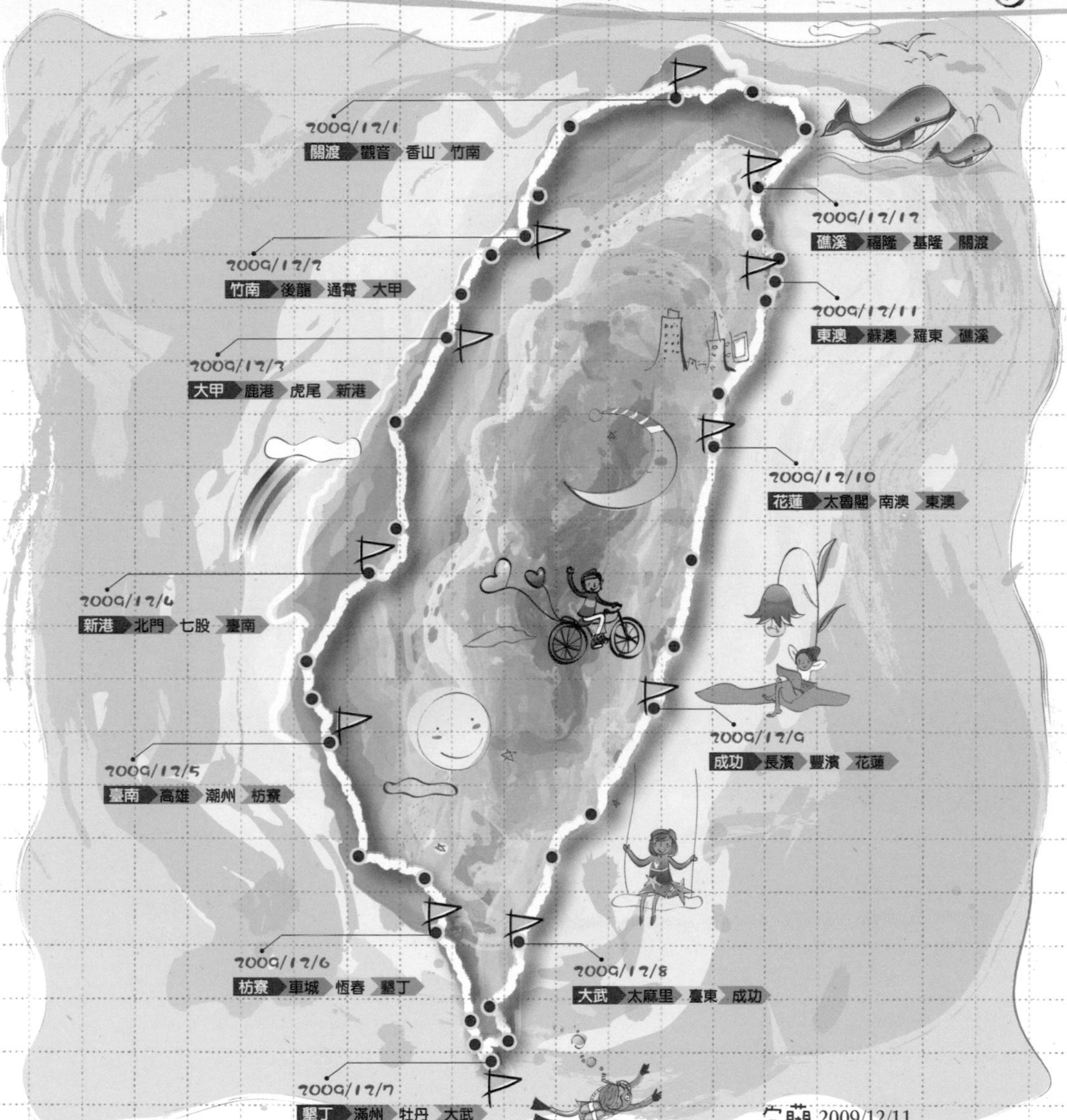

墾丁 2009/12/07
墾丁→滿州→牡丹→大武

臺東 2009/12/08
大武→太麻里→臺東→成功

東海岸 2009/12/09
成功→長濱→豐濱→花蓮

花蓮 2009/12/10
花蓮→太魯閣→南澳→東澳

宜蘭 2009/12/11
東澳→蘇澳→羅東→礁溪

基隆 2009/12/12
礁溪→福隆→基隆→關渡

·深度造訪臺灣各地綠色建築、再生能源設施等，低碳愛臺灣車隊用實際行動分享感動。

出發之前，誰都沒想到，這一趟單車環島的計畫，竟然會如此深刻地改變彼此與土地間的關係。

攤開環島的計畫藍圖，陳致廷興致勃勃的解說著，原本對經營環保社群網站很有興趣的他，總在網路上和同好交流資訊，聽聞青輔會舉辦的「青年單車壯遊計畫」，給了他出發的念頭。他為楊佳偉和洪永宏在地圖上指出西北風力發電廠、高雄小巨蛋、太麻里慈濟環保回收站……，眼中閃耀著光芒，而2人看著眼前的好友興奮地解說，也感染了他的熱情。

成員中只有致廷有過從花蓮騎單車至恆春的長途經驗，但話語的力量增添了美好的想像：迎著拂面晨風，在和煦的日光下，著腳踏車在恍若電影畫面的山巒秀水間悠然前進，打算歇歇腿的時候，還可以順道品嘗在地小吃……。面對眼前的邀約，2人沒有多

・團員之一：陳致廷。

・團員之一：楊佳偉。

加思慮便一口答應，憑著年輕人的熱情和幹勁，名為「低碳愛臺灣車隊」的團隊，選在2009年12月的第一天出發了！

大無畏之迷途西遊記

穿著新買的隊服，大家都有些緊張和興奮，全新的人造纖維布料亮晃晃地映襯著笑臉，3人出發前合影了一張，踩下腳踏車踏板起身而去的那一刻，投入清涼空氣的身軀，便倏地躍入了新鮮和未知。

佳偉和永宏各是致廷國中和大學時期的同學，雖然後來各有發展，但大學就讀法律系的3人，湊在一起卻很有話聊。當時大家剛從部隊退伍，為了在正式投入職場前，留下值得紀念的回憶，每個人都把這次旅行當成青春最後一次浪擲的難得機會。

一行人由致廷領隊，一開始的幾公里還真有些愜意，即便相識多時的朋友，組隊出遊對他們來說還是頭一遭。

身負使命的他們，必須在12天內完成探訪全臺環保景點的環島計畫，「我們在路上遇到一個走路環島的年輕人，他花了50幾天才完成旅行。有些鄉鎮距離很長，某些景點不是那麼值得久留，但開車速度太快，沒有辦法細細品味；而單車的機動性高，可以隨時停下來欣賞在地人文及風情。」致廷對於單車旅行的好處頗有心得，不僅沒有燃料和廢氣排放問題，降低速度後，反而提高了旅遊品質。佳偉深有同感地補充著：「雖然是團體行動，但過程卻很自我，時間和空間完全屬於自己，很放鬆。」

不過，畢竟是經驗不深，大家忘了帶著GPS隨行，第一天就多繞了幾公里，除了出發前幾次來回40～50公里試騎外，沒有長途騎乘習慣的3人開始感到有些疲累，遠距騎乘需要的體力和耐力，完全不在盤算內。

好不容易來到桃園的風力發電廠，時間已近傍晚，風勢為電廠蓄積了許多能量，對逆風而行的單車旅者來說，增加了許多阻力。站在海岸邊的小沙丘上，頭頂上的風扇不時發出巨大聲響，心緒超脫了現實情境，成員彷彿成為《西遊記》的主角，不知道一路上會遇到多少考驗。第一日就落後的進度，讓他們在入夜後不斷趕路，他們不禁問自己，真的能夠順利完成環島任務嗎？

愛相挺之單騎走天涯

一開始就體認到這不是趟簡單的旅程，但榮譽感還是催促著他們前進。從前的每一日都如常流逝，但走出城市後，多數時間都在臺北生活的3人，才有機會看到其他鄉鎮居民如何在一天的不同時分裡，依照著自己的節奏生活著。

小鎮上居民的交談聲、各地美食的滋味、林蔭小道上的花草、沿海空氣的氣味……，對於長期在城市生活的3人來說，都是種特殊的刺激。「騎單車是將自己完全放開，感覺自己和環境融在一起，沿途的一切不再只是車窗外的風景，我的人是『在裡面

．造訪高雄世運主場館，體會「綠建築」之美。

的』！」永宏心有所感地發出喟嘆。他們一直生活在都市中，平日騎車只為了趕赴到不遠的另一地；此次難得的單車出走，令感官全然釋放，每個風景都深入眼簾，進入記憶的最深處。即便事隔一年多，似乎閉上眼就能想起行經的每條小徑及風景。

在都市生活對於陌生人總有強烈的戒心，但隨著突發狀況的出現，在地人不吝伸出援手的溫暖，讓他們慢慢卸下了心防。熱心召集自己車隊隊友陪騎大甲至臺中港路段的民宿主人、好心領路的彰化警察、熱情餽贈餅乾水果的路人、蘇花公路上熱心指出提供車友免費凍飲的店家大叔……。每一回的偶然相遇，每一次簡單卻散發關懷的對話，都為每一段路途增添了記憶的特殊性。身為

臺灣的孩子，3人初次感受到和鄉土的深刻連結。

變色山河之天災震撼

隨著情感記憶的加深，他們越發感受到每個角落密不可分的血脈關係，以探訪環保景點為目標的團隊，逐漸體認此行的目的。

在高雄，他們拜訪日本建築大師伊東豊雄設計的世運主場館，這座全世界第一座使用太陽能發電的「綠建築」運動場館，結構捨棄傳統建材，使用本地製造的再生及100%可回收再利用建材，屋頂裝置太陽能光電板，增加發電功能，減少整體結構的鋼筋及水泥使用量；周邊再利用既有樹木移植建立綠林、營造生態水池，有效降低工程對於原本環境的破壞，成為市民運動休憩和生態教育的好去處。

本以為這就是自己想了解的一切，然而，旅行總會帶來設想之外的訊息，從建築和日常細節開始降低能源的消耗固然必要，但環境保護的工作卻不只如此。

繼續南下的他們，打算在抵達恆春前，於新園一帶稍作休息，沒想到因八八水災而斷裂300公尺的雙園大橋，歷經數月尚未修復，只能繞道30公里到下一個地點過橋。讓已感受路途之遙的成員們，備感折磨。

好不容易車隊過了河，一路上所見斷垣

此次旅途讓人感受和鄉土的連結。

紀念八八水災的紀念亭。

殘壁的景象，以及柔腸寸斷的南迴公路、坍方未補的壽卡山路、太麻里溪邊被夷平的舊時村落……，大自然對人類貪婪的反擊，在南部的山區一覽無疑。走山崩塌後，因雨水沖蝕所袒露的岩盤和倒臥的樹木，瀰漫一片死寂。

翠綠不再的山頭和甫上路所見到的北部美景大不相同，永宏於是在當日的筆記中感性寫道：「同樣生活在臺灣，真的可能會有不平等的生活條件，這是窩在臺北可以了解，卻無法深入靈魂的簡單道理。」

脫序插曲之離隊出走

隨著雙腳的踩踏，地理景觀日漸險峻，行進的挑戰也越顯艱困。雖然3人具有出遊的心情，但環島畢竟不像平日相處，隊友間的合作相當重要。

但令人怎麼也沒想到，致廷和永宏個性

差異大，前者喜歡隨興暢遊，經常臨時起意造訪計畫外的景點或順道訪友；後者喜歡凡事按部就班，從前總是身為領導者，難得成為追隨者，卻又碰到這種狀況，總有些不習慣；再加上佳偉幾度因為臨時出現的工作面試和膝傷，不得不暫時脫隊。多數時間只剩2人單獨相處，缺乏中間人的調和，個性間的衝突點就越發明顯。

・單車過程中的點滴，考驗著朋友之間珍貴的友情。

經過了一個多星期的長途遠征，2人通過了南迴壽卡和臺11線芭崎山路的挑戰。在南部太陽的照射，必須處處小心岌岌可危的山路和往來頻繁的車輛，對於事先沒有山路騎乘經驗的永宏來說，膝蓋已有受傷跡象。而致廷的隨性，讓原定的路線多出額外的公里數，夜間趕路的壓力和體力負擔，讓環島之行衍生出其他問題。

雖然永宏一路上隱忍不說，情緒卻已經抵達臨界點。好不容易抵達蘇花公路，眼看最後的大挑戰近在眼前，但隨性的走法卻讓他們無法在預定的第10天抵達蘇澳，進度落後的他們，必須在東澳進行抉擇。這個路段夜騎過於危險，卻也不知道該夜宿何處，無論如何一定要踏實環島的3人，只好先搭車前進蘇澳，第2天再搭回頭車從昨日中斷之處繼續前行。這樣的插曲令永宏不滿，終於在旅行將要完成的倒數第2天爆發衝突。

情感交融之單騎壯遊

在一處不明的叉路之前，領隊的致廷因不相信當地人的指引，讓他們又走入了奇怪的小徑，再也無法忍受這些意外的永宏，終於表態離隊。

單車環島事隔一年之後，3個年輕人坐在臺北的咖啡廳，回想著計畫即將面臨崩解的那一刻，大家卻依然對自己的立場有些堅持。但也因為透過這樣的歷程，對彼此似乎也有更多的理解。

承認看著隊友離去的剎那才開始反省本身領導方式的致廷，發現自己似乎沒有考慮隊友的狀況；憤而離去的永宏雖然重獲自由，可以自由調配行進的速度，卻也體會到被人安排的滋味，讓他回想起從前擔任社團領導時，是否也是一意孤行。

立場轉換後，心中開始產生對彼此的理解。各自騎乘了一小段路後，致廷打了一通電話給永宏道歉，很快就言歸於好的2人在羅東車站會合，而另一位脫隊就醫的佳偉也回到了小隊。3個人再度合體，心情卻大不同，積怨解開，一同邁向終點的共同理想。

環島的最後一日雖然天候不佳，但一致的熱情讓他們克服了風雨，在夕陽露臉的白沙灣前，熟悉的感覺再次浮現。從這裡開始，就是他們之前為環島練習過的路段，加緊踩輪，家就在前方不遠處。

此刻，紅樹林捷運站內呼嘯而過的列車，與夜晚的關渡大橋一同閃爍著慶祝的亮光。他們終於在離家12天之後，回到了當初相約出發的咖啡館，也完成了1,300公里的單車環島之旅。＊

後記

回想當時，一路上雖然經歷了不少路形的考驗，心情的考驗才是真正超越的部分，因為沒有親自走一趟，很多東西都只會覺得是議題、不屬於自己的生活，但身處其中，才會感覺到改變的必要性與迫切性。騎完整個行程的經驗，讓人體驗了長途騎乘無可取代的意義。

雖然平日工作繁忙，還是期盼再次的單車旅行。歷經考驗而更加堅定的友情，肯定會讓再一次的出遊變得更加不同。

土地、人情「農」得化不開

TAIWAN UP! 體驗人生「騎」蹟的4堂課

撰文／**游惠玲** 攝影／**李俊賢** 圖片提供／TAIWAN UP!車隊

團隊名稱：

TAIWAN UP！

計畫名稱：

農得化不開

團隊介紹：

發現臺灣之美的夢想，連結了5個青年的心。張書媛、張忠澤、王濬銘、杜沛緯及吳宜靜，一個從小在屏東騎著腳踏車長大的小孩；一對從小就喜歡探險的姊弟；一個喜歡騎著腳踏車攝影的女孩；一個總是有許多想法的未來警察。從原本的不相識，卻因為共同的理想，他們要一起去探險，從稻米、水果到蔬菜，在19天的行程中，用心記錄這塊孕育豐饒物產的寶島。

霧峰 2010/08/09
新烏日→霧峰益全香米→名間（臺3線）

嘉義 2010/08/10
南投名間九九峰有機農場→嘉義市（臺3線—臺78線—臺1線）

新營 2010/08/11
嘉義市→新營市→永康市

屏東 2010/08/12
臺南市後壁菁寮→高雄市→大樹鄉芭樂→屏東市（臺1線）

墾丁 2010/08/13
屏東市→墾丁（臺1線—臺26線）

牡丹 2010/08/14
墾丁→鵝鑾鼻→牡丹

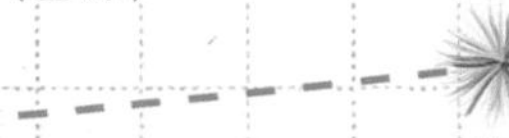

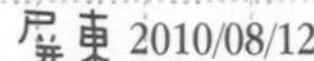

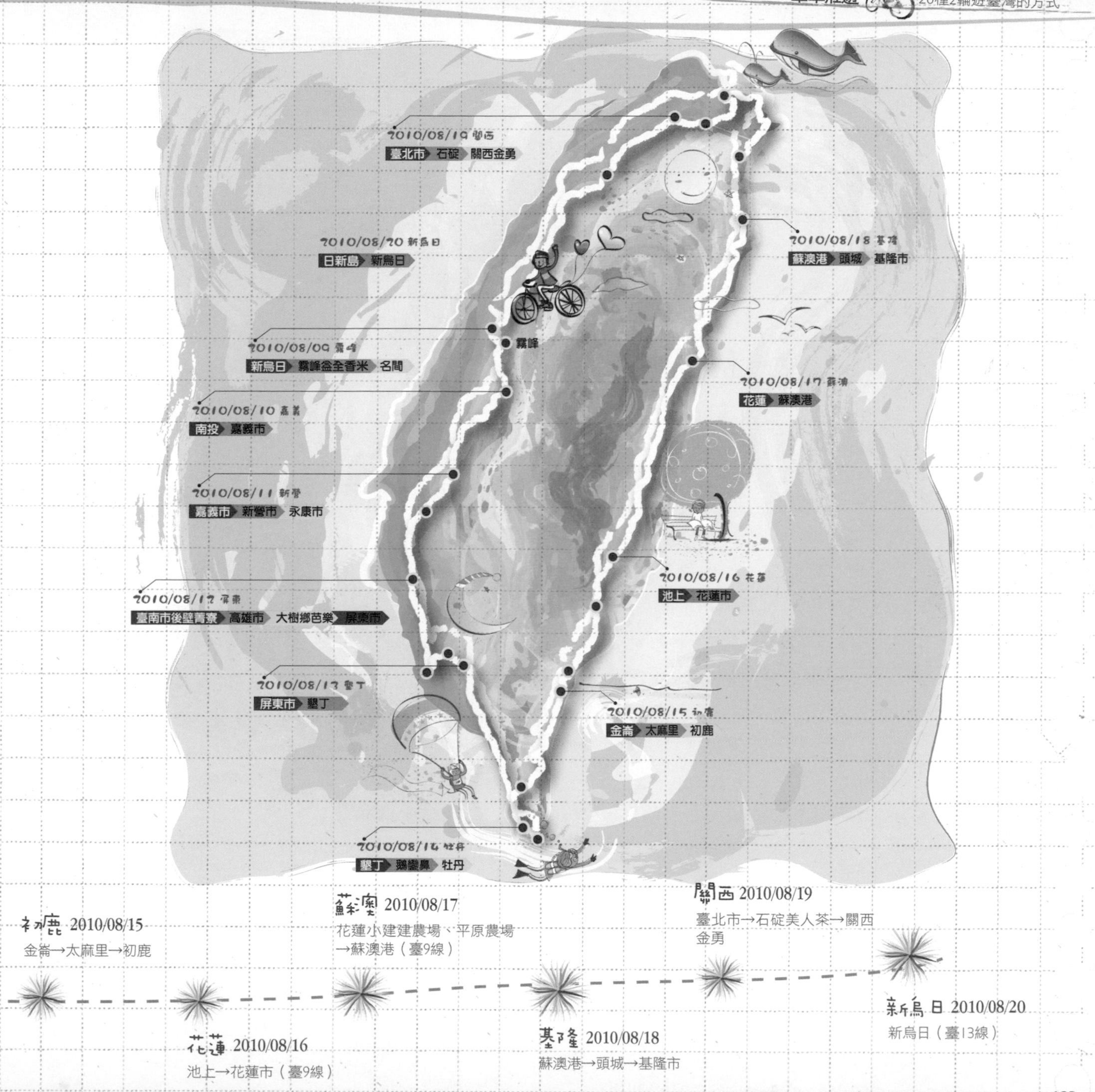
2010/08/19 關西
臺北市 石碇 關西金勇
2010/08/20 新烏日
日新島 新烏日
2010/08/18 基隆
蘇澳港 頭城 基隆市
2010/08/09 霧峰
新烏日 霧峰盒全香米 名間
霧峰
2010/08/17 蘇澳
花蓮 蘇澳港
2010/08/10 嘉義
南投 嘉義市
2010/08/11 新營
嘉義市 新營市 永康市
2010/08/16 花蓮
池上 花蓮市
2010/08/12 屏東
臺南市後壁菁寮 高雄市 大樹鄉芭樂 屏東市
2010/08/13 墾丁
屏東市 墾丁
2010/08/15 初鹿
金崙 太麻里 初鹿
2010/08/14 牡丹
墾丁 鵝鑾鼻 牡丹
初鹿 2010/08/15
金崙→太麻里→初鹿
蘇澳 2010/08/17
花蓮小建建農場、平原農場
→蘇澳港（臺9線）
關西 2010/08/19
臺北市→石碇美人茶→關西
金勇
花蓮 2010/08/16
池上→花蓮市（臺9線）
基隆 2010/08/18
蘇澳港→頭城→基隆市
新烏日 2010/08/20
新烏日（臺13線）

「土地是有生命力的，你怎麼對她，她就會怎麼回饋你。」當這句話從農家的口中說出，打進了這幾個年輕人的心裡。大家為之怔住，一些關於大地、關於人生的複雜問題，像是一顆顆的小種子般，開始在他們的青春歲月中發酵、運作，日後也將繼續成長茁壯。

2010年暑假，一趟為期14天的單車之旅結束了，但另一場人生的旅程卻才正要開始⋯⋯。

5個人：有點熟又不會太熟

來自高雄的Jimmy（王濬銘），是中央警察大學鑑識學系的學生，因為2009年參加菲律賓水筆仔生態保育計畫，而認識了當時就讀中正大學歷史系的張書媛，在得知青輔會所舉辦的「青年單車壯遊臺灣計畫」後，便邀約志同道合的張書媛同行，一同爭取這個難得的機會。

「書媛，要不要參加單車環島活動？」這句話問得輕鬆，但卻讓書媛考慮了好久，心中滿是掙扎：「我平常根本沒有騎單車，可以環島嗎？」幾經反覆思考，她終於接受挑戰，理由是，「在臺灣，有3件事非做不可：爬玉山、泳渡日月潭、單車環島，前面2件事都完成了，就只差單車環島！」

接著書媛又「揪」了正在中興大學土壤環境工程學系的弟弟張忠澤，以及即將從中正大學勞工所畢業的學姊吳宜靜；而Jimmy則在網路上找到另一位同好——就讀南臺科技大學電機工程學系的杜沛緯。這5個人，互相認識卻又不太熟悉，一起組隊出發。

・志同道合的好朋友，大家利用騎單車體會臺灣農民的真實生活。

由於忠澤唸的是土壤環境，他想藉著這個機會好好地去親近臺灣的農地、理解臺灣農民的真實生活，這個想法一提出，大夥兒也舉了8隻手贊成，因此「農得化不開」計畫於焉成立。

行程的出發點，取大家所在的中間點「臺中」，逆時針往南騎行南迴，再抵達臺東、花蓮，經過臺北，最後再繞行一圈回到臺中，便造訪施行自然農法且對環境十分友善的農家。

第1課：大地是我們的母親

行程中的第一個震撼，發生在花蓮壽豐鄉的「平原自然農場」裡。23歲的農場主人黃偉哲，南一中畢業後，他沒有選擇普羅大眾所認定的升學路，青春正盛的他，放棄了年輕人嚮往的都會生活，來到花蓮鄉下種田，以自然農法栽種作物，還給土地說話的機會。

「農場主人問起：『如果是你，你願意過這樣的生活？』這句話相當令人震撼，讓我大概有2、3分鐘說不出話來。」Jimmy回憶著，這個大哉問頭一次闖進他的生命裡，讓他原有的社會價值觀就像崩解了一般，逼著他去面對一直不願面對的真相，活潑的他，頓時啞口無言。

「我感到相當慚愧，知識分子應該投入、重視農業，但是我卻沒有辦法做到。」

以自然農法栽重作物，是對土地最好的回饋。

年輕的Jimmy勇敢地說出自己的不勇敢。不只是他，這些真實深刻的字句也悄悄地潛進了這5位年輕人的心中，讓他們開始學著反思。

「什麼樣的生活才是安全的？」宜靜開始思考一些旅途中被問到的字句，「這個世界告訴我們，擁有金錢才是安全的，但是我們很少想過，我們究竟需要些什麼？又有哪些是被我們浪費的？」她說，太習慣了工商社會裡的快速與方便，現代人確實容易遺忘愛物與惜地。

而令書媛印象深刻的，並非農場主人的離群索居，反而是他廣結眾人之力，「這裡有一群志同道合的夥伴，有人在貿易公司擔任高級主管，內心卻不快樂，因此帶著家人

・鄉村生活令人心情跟著開闊。

・旅途中遇到許多不同的故事，也對人生有了新的體會。

及孩子到這裡享受務農生活；也有人在外地工作，假日才到這裡來享受生活。」大家一起耕種、收成，甘苦與共，攜手向燦爛的明天大步向前。

忠澤更有感而發地說：「可能許多大學裡都還沒學到的農業知識，他們都已經在農地上親身實踐了！」這位總是正面思考的青年說著，將來他要更加的努力用功，把專業的農業知識推廣給更多需要的人，「他們的黃豆、秋葵、水果、玉米等作物，都和我們在市面上看到的不太一樣，但卻真的很好吃，是食物本來就該有的滋味。」

第2課：價值天秤輕重抉擇

當大夥兒落腳位於嘉義的「綠蚯蚓農場」時，他們也面對了行程中的第2個衝擊：當父親和老婆都罹癌，選擇更健康的生活方式，已成為人生的必須，而這也是「綠蚯蚓農場」的故事。

故事的主人賴志鈞，6年前從公賣局退休，從此展開了新的人生。他全力投入有機蔬果栽種，為了讓父親與妻子能夠吃到真正營養的食物，生活在一個更好的環境中。綠蚯蚓農場官網上寫著，「我們栽種『小黃瓜』，歷經5年的努力，終於有一根存活了下來。這根小黃瓜是多麼不容易地生存下來，當時，我們內心無限激動，夫妻相互擁抱，涕泗縱橫！」

一點也不誇張，農場主人投入大部分的退休金，但前3、4年只能看著錢慢慢燒掉，一去不復返。然而，務農就是這樣，急也沒用，養地、整地、恢復地利……，就是得花上這麼多的時間；如今，總算走出摸索期，漸漸有了穩定的收穫量。不過，最重要的是，更找回了主人的父親與老婆的健康；笑容也在賴家人臉上快樂綻放，這就是最無價的。賴志鈞說：「因為務農的生活救了2條人命，你要怎麼去衡量這個價值呢？」

書媛回憶著那天傍晚，大家一同坐在庭院裡喝咖啡，夕陽無限好，農場主人說著：「每天4、5點天還沒亮就要起床工作，而現在是我的休息時間，也是我一天之中最享受的美好時光！」Jimmy在賴家人臉上看見了快樂與滿足，他心想：「這就是所謂『甜蜜的痛苦』吧！」

第3課：意外旅程令人驚豔

花蓮玉里赤科山上的金針花海，在夏季裡盛開，黃橙橙的一片印在透藍的天空布幕上，美得不真實，像是明信片裡才看得到的畫面。宜靜形容著：「那天我們坐在山上，雲朵離我們愈來愈近，就像是從天上溜下滑梯，好特別！」大家一起採金針、吃金針大餐，自在地與大地親近，品嘗在地的美味，好不愜意。這趟非計畫中的行程，對於大家來說，是個意外的禮物。

說「意外」，是因為原本一行人已經準備在當天早上離開玉里，突然忠澤的單車碼錶不動了，大家只好回頭轉往當地的自行車行修車。隨興和修車行老闆聊天，沒想到老闆家裡就有一大片金針花田，適逢金針花的採收時節，知道這群青年的旅行目的，便邀大家前往自家山上的農地一遊。

．花蓮的好山好水，美不勝收，是旅途中的意外收穫。

這趟山路超級難行，10多公里的路程並不算太遠，卻飆高至900公尺，坡度高達8%，連開車都會感到顛簸曲折，更別說是騎自行車了。這個意外的旅程，除了堪稱「單車硬漢」的忠澤外，其他隊員都連人帶車一起塞進了老闆的小貨車中，很「賴皮」地被載往山上去。

忠澤平時就喜愛騎車，是小組中的實力派，挑戰斜坡絕對是必要的行程。山路有多陡？看騎士的姿勢就知道。為了避免重心不穩向後倒，騎士的身體得要向前傾，才不至於翻車。汗流下來就擦掉，腳痠了還是要繼續騎，終於在下午2、3點抵達，付出努力後所欣賞到的美景，更加踏實。

本以為修自行車應該是旅程中的麻煩事，沒想到卻也不經意地啟動了另一個難忘的旅途，而這也讓宜靜開始理解「隨遇而安」這句話的真諦：每到了一個地方，就得靜下心來，好好地享受當地的人、事與風景，享受當下時刻！

第4課：品嘗困境箇中滋味

要從屏東穿越南迴公路前往臺東的那天早上，團隊成員完全沒想到，他們將遭遇到12個小時漫長的「鐵腿之旅」。

晨間7、8點鐘，大夥兒從Jimmy位於高雄林園的家中出發，途中經過正在施工中的壽卡，一直騎到臺東大武時，天色已近傍晚。當天的目的地是臺東金崙，但在經過一天的疲累後，大家心中的共同目的地，是那池既溫暖、又能洗滌疲憊的溫泉。從地圖上看起來，從大武到金崙的路程雖然只有一小段，不到20公里，對於已經翻山越嶺的一行人來說，應該是個簡單任務才對。

出發了，這才發現這一小段路上，竟還有4、5個部落要翻越。暗夜裡，緊鄰著海岸山脈的公路上靜謐無聲，只有海浪拍岸與一行人踩著自行車踏板的聲音，偶有大貨車呼嘯而過，跟著一陣轟隆巨響。5位單車騎士如

．透過壯遊，原本在地圖上陌生的名詞，如今都充滿了熟悉的回憶。

接力般，在只剩下大自然樂音的夜裡，奮勇地向前行。頓時，眾人成為生命共同體，缺一不可。

回憶起當晚的不可能任務，大夥兒七嘴八舌，栩栩如生地描述著那晚的情景：「天黑了，我們的車燈不夠力，只看得見前方的一小段路。」「左手邊是山、右手邊是海，我們卻什麼也看不見。」「有人說，有星星，我才抬起頭，車身開始搖搖晃晃，後面就有人大喊：『不要看星星！』」那瞬間，大家彷彿又望見夜空中的滿天星斗，聽見海浪拍打峭壁的懾人聲響，並且感受到卡車緊貼而過的緊張感。當時，阿杜騎在最前頭當路隊長，忠澤則尾隨在隊伍後方壓隊。遇有路況，阿杜就會大喊：「有來車！」或是「有上坡！」聲音從前面傳到後頭，成為陣陣海浪聲中的配樂。

那幾個小時中，一種同舟共濟的深刻情誼油然而生。旅程結束後，這幅場景成為聯繫5個人生命的重要片刻。談著這段回憶，平時負責搞笑、耍寶的Jimmy突然正經了起來：「其實，當時心裡很緊張，但大家在一起時，令我有種生死與共的安全感。」

車隊成員們藉由雙輪踏行過臺灣後，就連「距離」的定義也被改變了，過去地圖上的陌生名詞，如今充滿了熟悉的回憶。在溫暖的人情味與故事之間，彼此的心再也沒有距離。＊

後記

在這一次的單車環島過程中，我們當然也有軟弱的時候。記得行經苗栗三義時，那段綿延的山路，令人真想放棄，想扛著單車搭火車。當時，只要聽到火車進站聲音時，若有人率先衝往火車站，一定會有人跟進，便無法完成此次單車環島的壯舉。

不過，在這次的旅程中，除了過程中的體驗及克服難關外，大家同舟共濟、生死與共的情感油然而生，是另一種收穫。

Chapter 3
做好準備 2輪上路
出發前之行程及裝備規劃

看了別人的精彩單車壯遊故事，
你一定心動了，想用自己的2腳加2輪，
踏踩出專屬於自己的精彩體驗。

其實，想享受輕風拂面、揮汗如雨的騎乘快感，如果沒有時間環島，
也能以在地小旅行的方式進行，正如從徵文作品中可感受到的感動片刻。
現在，就讓我們看看單車達人們最推薦的10條臺灣單車路線，
從學習規劃行程開始，挑選適合自己的單車旅行裝備，
開啟圓夢之旅的第一步……。

附錄

10條推薦臺灣單車路線

自然景觀、人文饗宴任君選擇

撰文／**何儀琳**

想好好欣賞風光明媚的臺灣美景，建議單車環島最是盡興。以下邀請書中20組車隊成員依體能、騎乘時間，進行10條特色單車路線推薦，並依里程數、路況及天數，分成初級、中級及高級篇，方便各單車族群挑選。另外，更針對臺灣恬靜的鄉村景色，規劃出適合外國友人深入寶島的單車路線！不論你是單車新手、好手，或者初來臺灣的外國遊客，都能找到適合自己的單車路線。

初級篇

‧里程數+路況： 里程數小於5公里（時間不超過50分鐘）的平地路程

‧適合族群： 單車新手、優閒騎車者

路線1－八里左岸自行車道

地點： 新北市八里區　　**長度：** 約4公里

路線： 八里渡船頭→挖子尾生態保護區→十三行博物館

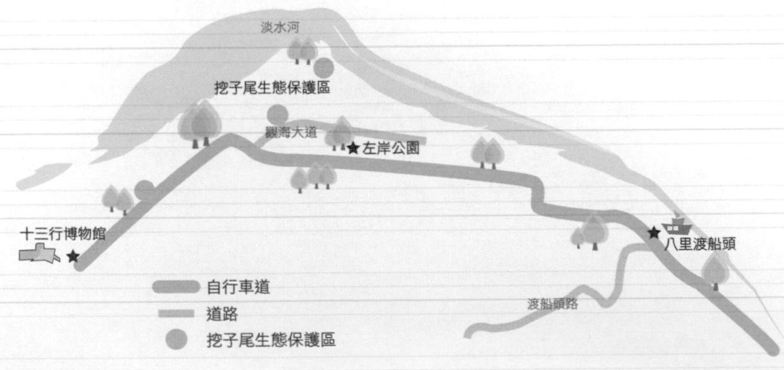

位於淡水對岸的八里左岸自行車道，可從八里渡船頭啟程，一路沿著木棧道往挖子尾生態保護區行去，沿途除了寬闊河景，也可見到沙地上可愛的招潮蟹，附近還有八里老街、老榕碉堡、左岸公園、十三行博物館，路況平緩，還有許多當地美食可以品嘗，適合親子同遊。

車隊：中華科管陽光青年隊

路線2－嘉油鐵馬道

地點： 嘉義市、嘉義縣水上鄉　　**長度：** 單程約3.5公里

路線： 世賢路中油廠區→世賢站→民生南路站→新民路站→南京路站→紅瓦厝站→道將圳站→鴿溪寮站→北回歸線天文廣場

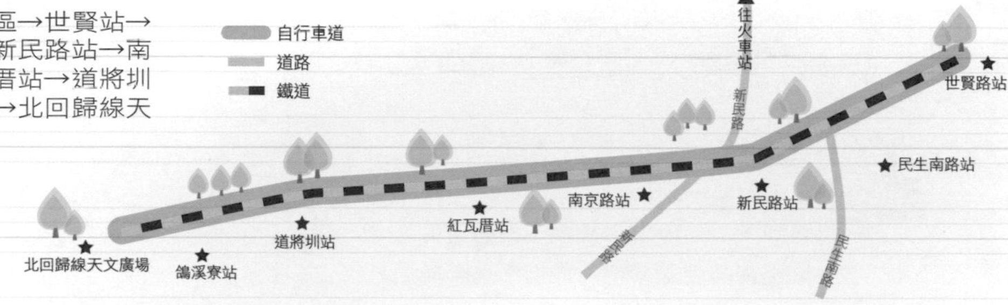

由閒置的中油舊鐵道修建而成的自行車道，全路平坦且路程不長，經嘉義市美源、光路、湖內里，以及嘉義縣水上鄉三和、下寮、回歸村。鄰近市區且設施完善，有休憩涼亭、濕地生態、荷花池及各種喬木植物，適合全家出遊。沿途有自然鄉村景觀，建議與農村經驗豐富的父執輩同行，可以認識穀糧、青菜或果樹等臺灣作物！天氣好時，向東可見玉山群峰，景色壯觀，冬天可遠眺玉山。

車隊：樹不樹要愛臺灣

路線3－關山自行車道

地點： 臺東縣關山鎮

長度： 12公里

關山自行車道環繞關山鎮，地形起伏不大，從環保親水公園出發，沿著檳榔小徑、木棧橋，可欣賞溪流美景及一望無際的稻田景色。沿著關山大圳爬升，來到休息站與觀景台，日月亭是車道的制高點，可遠眺關山鎮市景、卑南溪與海岸山脈交會景色。

車隊：柑仔隊

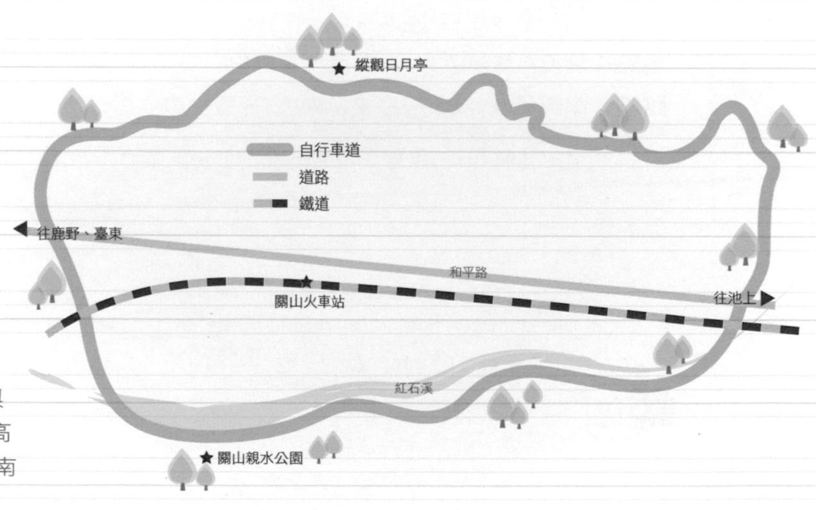

中級篇

・里程數+路況：里程數大於10公里（時間超過1小時）的平緩路線

・適合族群：喜歡騎車且耐力充足者

路線1－宜蘭冬山河自行車道

地點：宜蘭縣冬山河兩岸　**長度：**來回約15公里

路線：冬山火車站→冬山河親水公園→傳藝中心→珍珠社區→五結清水閘門（清水橋）

沿著冬山河畔騎行的自行車道，兩旁種有樹木，沿途視野開闊，可觀賞河口濕地豐富的生態環境，如遇水鳥季節更是賞鳥的最佳路線。沿路行經的親水公園、傳藝中心及珍珠社區等，都是冬山河附近熱門的景點，有豐富的人文聚落，更有完善的自行車道設施，路況安全，適合全家大小同遊。

車隊：18的四次方

路線2－集集自行車道

地點：南投縣集集鎮　　**長度：**來回約50公里

路線：集集（縣152）→龍泉（縣152→臺16線）→濁水（臺16線）→水里→（縣131）→車埕→（縣131→水里民權路→投27）→集集

集集鎮地勢平緩，由集集火車站前出發，經152縣道往龍泉火車站騎行途中，經過著名的綠色隧道、添興窯，此外，經臺16線至水里，再由131縣道抵達車埕，可一探木材小鎮風光。由車埕經水里民權路往集集鎮的路途中，更有特有生物保育中心、明新書院等景點。雖然里程數較長，但可依個人腳程及體力選擇路線，沿途也有許多景點可供休憩。

車隊：入鄉

高級篇

・里程數+路況：里程數大於30公里（時間約5小時）或者陡坡

・適合族群：單車好手且想挑戰山路者

路線1－日月潭環潭路線

地點：南投縣魚池鄉　**長度**：環湖一圈約33公里

路線：水社遊客中心→文武廟→孔雀園→青年活動中心→伊達邵→玄奘寺→慈恩塔→玄光寺→水社壩堰堤公園→水社遊客中心

推　日月潭除了有月潭、頭社及向山等自行車道外，也可以走環潭公路繞潭一圈，但環潭公路車輛不少，九龍口往伊達邵至頭社一段高低起伏較大，較費體力。日月潭周邊風景優美，也可隨時於途中分支旅行，如參訪日月潭南方，有「活動盆地」之稱的頭社盆地。另外，向山行政暨遊客中心也是沿途不可錯過的景點。

車隊：啟程

路線2－信義鄉同富村－東埔溫泉

地點：南投縣信義鄉　**長度**：約8公里陡坡

路線：同富村→東埔

從同富到東埔為柏油公路陡坡，海拔高度從700公尺上升至1,100公尺，在體力上與技術上都是一大考驗。沿途風景壯闊，可見峭壁、瀑布壯觀景色，林相多變、生態豐富，抵達東埔後還能泡溫泉，適合喜愛挑戰高山單車路線的車友。

車隊：聽風、看雲 Follow Me

路線1－埔鹽鄉自行車道

地點：彰化縣埔鹽鄉　　**長度**：13公里

路線：糯米坊休憩站→天德宮休憩站→花果園休憩站→虹橋休憩站→慶安宮休憩站→新樂橋休憩站→百姓公休憩站→南新橋休憩站→角樹腳休憩站→日月池休憩站→七星崙休憩站

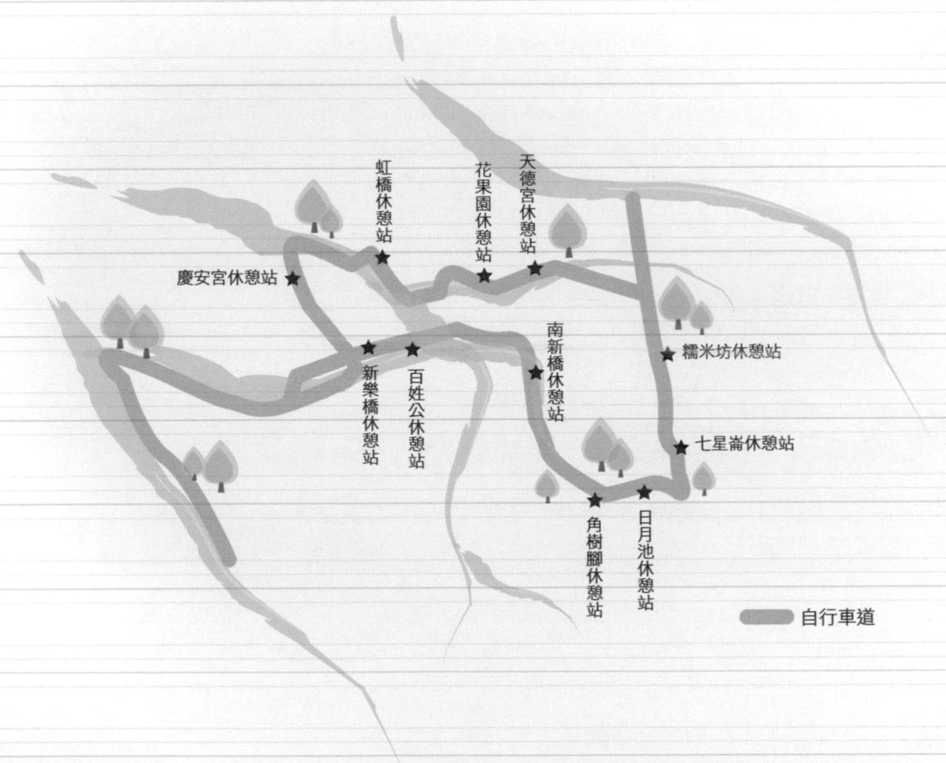

彰化縣埔鹽鄉內的自行車道穿越鄉間道路，極具臺灣農村特色。路線經舊濁水溪及支流、糯米風味坊、稻香休閒農場等地，可看到水車農田、作物等鄉間景色，當地角樹村多種植韮菜，秋日造訪可見韮菜花的花開景色。此外，當地富有傳奇故事的「七星崙與老樹」和「日月池」也相當引人入勝。自行車道全程都設有站牌與休息站，讓外地旅客更能深入認識埔鹽的產業與人文特色。

車隊：T.W.N.車隊

路線2－兩潭自行車道

地點：花蓮縣七星潭、鯉魚潭　　**長度**：約35.3公里

路線：德燕濱海植物園區→七星潭社區→四八高地→奇萊鼻燈塔→曙光橋→花蓮港→北濱公園→南濱公園→中華紙漿場→舊鐵道→木瓜溪橋→宏卿山莊→鯉魚潭風景區

推 由七星潭連接至鯉魚潭風景區的兩潭自行車道，盡覽東海岸美景。沿著與濱海鐵路平行的木棧道前進，將經過「米崙招呼站」和「江口良三郎紀念公園」等歷史景點，而北濱公園與南濱公園一段則是優閒賞景所在，一路平坦。穿越舊鐵道區、木瓜溪橋後，便到達鯉魚潭風景區，沿線有多處鐵馬驛站可供休息。

車隊：風雨無阻之好屌、隨便、我都可以，看你們！

路線3－瑞穗自行車道

地點：花蓮縣瑞穗鄉　　**長度**：約15公里

路線：瑞穗火車站北側民生街→穿越東線鐵路平交道→成功南路→溫泉路→虎爺溫泉→乳牛產銷班→土地公廟→溫泉路→鍾家菸樓→瑞穗溫泉→樟林隧道→紅葉溪堤外道路→溫泉路→瑞穗火車站

瑞穗鄉緊鄰北回歸線，擁有鶴岡文旦、舞鶴紅茶、瑞穗牛乳等知名特產，又靠近瑞穗與紅葉兩大溫泉區，除了可以感受花東地區特有的藍天、綠地，品嘗紅茶、賞柚子花開、聞柚香，還可以到瑞穗牧場看牛吃草、品味新鮮牛乳，並享受泡湯樂趣。瑞穗自行車道以溫泉路為中心點成環線行程，沿途平坦，適合全家騎乘。

車隊：成醫小必取

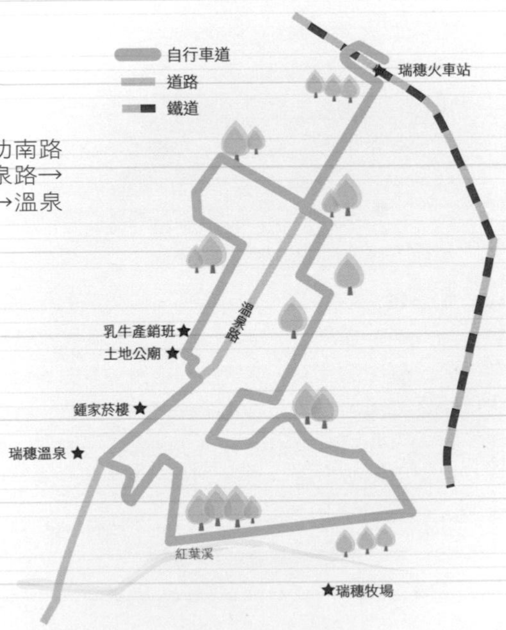

書寫我的感動故事

徵文組、圖文組作品分享

整理／**莊馨云**

有一群人，他們或許沒有規劃一趟厲害的行程，浩浩蕩蕩地體驗臺灣各鄉鎮的呼吸脈動，但是，他們卻靜靜地以一種在地眼光、小旅行方式，感受這塊土地的精彩與魅力，寫下旅途中的感動點滴與片刻，與你我分享……。

徵文組

◎ 我依然用雙腳飛翔

飛翔，是人最原始的本能，只是我們短暫的選擇了遺忘。乘著徐徐的風，讓身體漫遊在平坦的柏油路上，是我最喜歡的運動，慢跑，讓汗液狂妄的奔馳，心臟猛力的跳動的，這一切讓我的身體一直保持在高點。只不過，忽然被診斷出的第一型糖尿病，讓血液中，囂張的不在是心臟粗野的跳動，而是亂竄的血糖，眼淚不爭氣的讓我每天抑鬱到像得了絕症。

消極的墮落著自己，也封閉了那顆玻璃心，直到有天看著弟弟玩的極限腳踏車，我忽然看到了不一樣的人生。原來生命是需要灌溉的，我那棵枯萎的心靈在碰到承載著希望的雙輪時，內心雀躍不已，開心的雙腳跳起華爾滋，人生彷彿選擇飛翔。於是，每天踏浪在美好的新店溪，成了另外一個生活重心。縱使出院後體力孱弱，我卻得到前所未有的成就感。

用腳在腳踏車上御風而馳，我可以盡情的舞動雙腿，撇開煩人的胰島素。累了，感覺血糖低了，停車拿出滿載的飲料與糖果，或是請求路人的協助；體力耗竭了，想要換裝上路，隨處是專為單車設計的洗手間，以及中正橋下那個飄香的咖啡小舖，偶爾和垂釣的漁人、車友聊上幾句，內心舒爽溢於言表，不用騎得太遠，可以放鬆在屬於自己的園地。

環繞身邊的是隨風而起的信鴿，站立在路燈上呢喃細語，三重自然生態區的白鷺鷥，用優雅的姿態輕鬆覓食；跨過了一座座細橋，卻始終聞不到汙水味。剎那間，幸福可以是那麼美，身處在已經蛻變的新北市卻還渾然不知，我，傻傻的笑著大自然對自己的恩寵。

走出封閉的黑窗，這雙輪與得天獨厚的環境，還有濃厚的人情味，讓我眉頭上的細紋少了，轉變的是更多幸福的微笑。就算是與糖尿病為伍又如何？我用雙腳就可以載著希望，現在的我，擁有更寬廣的天空。簡單的感動就可以成就另一個人生，回想起將自己禁錮在自設的鐵籠，又是何其愚蠢？踩上了踏板，聽著齒輪的旋轉，隨身體盪漾風中，用運動得到身心壓力的釋放。露齒而笑，感受陌生人打招呼的熱情，沒有走出戶外，看不到隨處充滿的生命活力，定居永和是種浪漫，也是正確的抉擇。

問我怎樣鼓勵病友或如何選擇運動，「在腳踏車上盡情微笑吧！」我們不是病人，我們是用力作夢，盡情享受的正常人。（text by **陳敬函**）

圖文組

起伏的臺9線上有著無數追尋夢想的背影，2008年夏天拍了這張照片，有幸在2010年加入他們。一個人帶著腳踏車去東部短暫的流浪，或快或慢，用自己的速度從容前進；即使天氣炎熱，腳很酸，也要將揮落的汗水灑落在這熱血的青春！

（photo by 李儒果）

我們都思考著，到底環島的意義是什麼？不管是單車、騎機車還是火車，花了那麼多的時間計畫，消耗了這麼多的體力，在這烈日下，唯有真正做過才明白。

來自對向車道的打氣聲，在旅社中遇到的環島騎士，因同在環島而暢談……，想著想著，在單車的雙輪底下，你將明白。

（photo by 蕭柏雅）

徵文組

◎ 微雨中的旅程——我的單車193

夜行的莒光號，總是這樣，在深夜裡，劃過了寂靜的蘇花海岸。

到達久違的花蓮火車站時，天色濛濛，拖著略帶睡意的精神，組好單車的同時，天空卻也不爭氣的飄起雨來。那是個初冬的清晨，我在花蓮，準備往193縣道前進。在市區胡亂的吃了個熱騰騰的包子，買了件雨衣，當作最後的補給，於是，出發。

在暫停營業的紅綠燈下，輕巧地掠過沉睡著的鬧區。於花蓮大橋和臺11線分道揚鑣，右轉一個上坡，踏上193縣道，沿著海岸山脈的西側，一路往南挺進。微雨中的單車行，別有一番滋味，不經意吃到口中的，常常分不清是汗水、雨水，甚至是前輪激起的水花，連眼鏡都充滿了水珠。

氣喘吁吁的再騎上一個上坡，正享受著下坡帶來的速度感，倏忽地一個轉彎，卻又有另一個更長、更陡的坡在等著。193就是這樣，不只是道路起起伏伏，連帶地，馳騁其上，心情也隨之起伏著。經過一個又一個村落，伴隨著零星的來車，還有車友不時的加油聲，一個人、一台車，用力地踏著，也感受著。

自強外役監前是一座高地，能夠望見下方的溪谷和位於遠處的臺9線公路。若把視線再上移些，更能看見雲霧籠罩的中央山脈。安靜中，有山、有溪、有雨，還有我，頗令人有超脫一切之感。到了鶴岡——瑞穗前的小村落，雨勢到了極大值，於是順勢的轉進村民活動中心小歇。和活動中心裡正在玩耍的小兄弟檔，童言童語的聊著天。隔壁人家是間雜貨店，店門口有透明的塑膠罐，紅色罐子裡裝著橄欖、芭藥乾等小零嘴，懷舊的買了很多，和小兄弟開開心心的分享著。

停留了一陣，雨漸緩，跨上單車，再上路。在瑞穗市區，狼狽地躲進路旁的麵攤，湯鍋上正冒著白色的蒸氣，好心的老闆娘不待我開口，就送上一大碗熱湯，讓我不只身體暖了，心更暖了。

告別老闆娘，抖了抖外套上的雨滴，緩緩地越過秀姑巒溪，瞥見溪流裡少許的泛舟人群。應是倦了，單車的變速愈踏愈輕，前進的速度卻愈來愈慢。終於在觀音——名字很特別的村子派出所前休息。隨意的坐在門旁的階梯上，和帶有原住民口音的警員大哥天南地北的聊著，順道也把車打了氣、水瓶裝滿了水。大概是警員大哥給我的「Give Me Five」有神奇的力量，再出發後，不只雨停了，連踩踏板都覺得輕盈了些。在看到綠底白字的「193終點」路牌的同時，下意識的大喊了一聲。振奮自己完成了這次的旅程。隨之，優閒地滑入玉里小鎮，在火車站前拆車。

每一次的拆車，是另一個旅程的結束，腦海中總是滿足、不捨的思緒交錯著。腦子裡，不斷的重複播著一路上的點點滴滴，卻又盤算著下一趟，週而復始地，一次又一次的循環著。我想，我愛上單車上路了！（text by 潘威翔）

幸福就是～即使再也騎不動了，我們也要手牽手一起走下去。
（photo by 周志鴻）

這也許是學生身分的最後一個夏天。踏入職場的前夕，一次無心的隨口允諾，一次晚餐兼討論會，4個人、4台車，再加上4條各自心目中的夢想公路，一趟從中壢出發，目標完成中橫、臺11線、玉長隧道和南橫的S型單車環島，就此展開。而發生在這一路上的歡笑與淚水，最終成為生命中一幅燦爛光輝的美景。
（photo by 蕭郁儒）

徵文組

◎ 單騎者的美麗與哀愁

沒想到原來單騎太魯閣竟然如此簡單，卻也如此困難。

早晨迎來的風和日麗，往花蓮的火車竟如此寂靜，偌大的莒光號車廂三三兩兩，可以放心地小睡片刻，也可以悠哉地吃著早餐。短短一小時的車程就橫跨近百公里，抵達新城火車站——騎士單騎太魯閣的起點。

第一次知道，原來攜車袋裝起來是這麼龐大，揹起來是如此煎熬，連號稱15秒收摺的巧妙設計，也硬是磨了10分鐘才敢真正出發。

新城火車站到太魯閣牌樓口的這段路，對於騎士而言，是種試探。布滿小碎石子的亞泥鳳凰林道，試探著小摺是否正確組裝才能行走順暢；開始炙熱的太陽，也試探著騎士出發的決心。直到看見那名聞遐邇的太魯閣牌樓，這短暫的試探才算結束，但真正的考驗也即將開始。

往砂卡礑步道的路上，先來一段難爬的好漢坡，讓小摺用了從來沒用過的小盤。新城火車站到天祥蜿蜒18公里的距離落差近450公尺，聽起來沒什麼，踩起來卻是珠淚暗滴。沿途經過的無非是燕子口、九曲洞、合流、綠水等著名景點，不過，除了在燕子口躺在地上，看著蔚藍天空與飛鳥忽有共鳴，倒是覺得中橫沿線的壯闊山壁及湍急溪水較為撼動人心。

上坡最後一段的綠水到天祥，3.3公里全是難爬的上坡，直到目光掃到在陽光下閃閃發亮的「天祥」導覽牌，腿都軟了，心卻醒了。天祥相較於臺灣其他著名景點，可謂人煙稀少，騎士只能緩緩地窩在舊時扇形車站的角落，吃著從火車站買的三明治及當地店家賣的滷肉飯、筍湯，整理行囊準備下山。

上山爬坡，既累又緩，從新城火車站到天祥就花了3個小時。原本騎士揣想著下坡可以一路滑行，御風而下；沒想到，5分鐘後才知道自己的天真。

下山的第一個隧道，能見度等於零，就讓原本以為大白天騎車不用帶上車燈的騎士徹底覺悟！在全黑且完全看不到路的情況下，被一輛惡魔般的休旅車逼到緊急煞車再加上360度大迴旋，痛罵之餘，還是得繼續膽戰心驚地往前騎。待心情較為平緩，想喝口水時，才發現水壺早已不知去向？

下坡路段，左邊隨時有車子逼迫，右邊卻是萬丈深淵，呼嘯的風聲更增添險惡，若是結伴同行還可彼此照應，但是單騎出擊的騎士就只能沿路拚命煞車，以免不慎命喪中橫且無人聞問。原本下山前期待的一路向北，只在眼眶含淚的想像中。是的，單騎太魯閣就是這麼困難，但騎士心中仍是激昂！

回到了新城火車站，比預計時間早到一個小時，靜靜地坐在月台上等候著火車，回想這一切經過的如真似假。在騎乘過程中，意識到身心進入穩定平衡狀態，雙腳不斷地帶動踏板，汗水涔涔地不斷流出，大腦開始分泌腦內啡，讓平常陌生的人們願意卸下一切武裝，在短暫地會車且錯身時，給彼此個微笑，甚至說出鼓勵的話語。唯一停擺的是心中計算時間的時鐘，不去計算騎了多久，只知道累了就喝口水，腳痠了就拉拉筋，緩緩地踩著，等著抵達目的地的那一刻。

是的，走過這一遭後，你就知道，原來單騎太魯閣竟是這麼簡單。（text by 游翔瑋）

圖文組

很羨慕嘉義人有這樣的自行車道可以優閒享受，寬闊的視野，搭配上空氣中散發的水果香氣，這樣的景致讓人心曠神怡。（photo by 李照圓）

決定獨自環島便是條不歸路。19歲的夏天流下了什麼——汗水與沉澱。環島第3天開始疲憊、倦怠、想家，又遇上砂石車橫行，於是躲進蘇花公路的小漁村粉鳥林。我喜愛它的寧靜、喜愛它的遺世獨立，白色的沙灘、高聳的山崖，海天一線的湛藍，浪濤撫平了喧囂。它不只是旅行的中繼站，更是生命的休息站。（photo by 郭名揚）

徵文組

◎ 樂活「心騎」日

清晨，嘉義市披上一層薄紗，盪漾著朦朧的美；旭日，朝陽從山巒升起時，原本朦朧的市區，已慢慢顯出輪廓；黃昏，中山路被夕陽染成閃耀金光，彷彿琉璃仙境；夜幕，月亮高升，月影在潭面水波晃動搖曳，沁涼的風襲來，讓人迷醉。我與自然物象的精神恬然相遇，入乎其中，又超乎其外。

在知足知止中，讓名利牽絆不著，享受最逍遙最自在的快樂。告別俗塵煩囂，拖著慵懶的步調，我騎著單車逛著嘉義市，享受著屬於自己的樂活「心騎」日！心馳流水高山外，身在落花啼鳥中，感受每個時刻不同的感動！

當我騎進市區一條不知名的小徑中，猶如穿越時空隧道，發現兩旁一些矮矮的巴洛克式及洛可可式的建築，簇擁著蜿蜒靜謐的街道，或尖斜或柔緩的屋頂參差起落，像極了一幅由黃、褐、綠為基調塗抹出的工筆油彩畫，也在瀰漫浪漫氣息的嘉義市天空中，畫下一筆筆曲折、深刻的線條。

沒想到就在此時，耳邊一個個悠遠的音符，把我往時空的深處裡帶。音符是現代的、愉悅的，帶著濃濃的甜味。原來低沉感性的管弦樂，一悠轉，又化為高亢清亮的聲音，輕輕俏俏的唱出如初戀情歌般的詩歌。從未聽過那麼清耳悅心的天籟之音，心中也泛起一陣莫名的愉悅。細膩婉轉的管弦樂，紆徐綿緲，收音純細，音樂好似馬利亞手掌中的一隻蝴蝶，將要翩翩飛往上帝。管弦樂，訴說著城市的心情，也訴說著城市的生命力。奇幻的嘉義市，似乎也一下子隨著管弦樂的聲調，鏗鏘煥亮了起來！

又一次，騎到蘭潭水庫附近時，被路邊伸出的一排紅豔欲滴的櫻花驚出喜來。我們向櫻花樹下挨近，眼睛盯著那片緋紅，不自覺的靈魂似乎也已經望出了神，突然間，只覺得天空也變了顏色，原來那櫻花樹不是幾棵，也不是幾十棵，而是一片豔紅。我彷彿置身世外桃源般，浪漫至極，此時我的觸鬚一直在伸張著，向著無盡的時空伸張著。許多畫眉類的小鳥，在花間穿梭來去，並成群飛起，枝椏顫動，花瓣便紛紛飄落，才幾天的累積，地上竟已鋪出一塊櫻花地毯！

除此之外，此處還可見各種美麗但不知名的蝶類翩翩飛舞，大樹下的小野花也不甘寂寞的在畫面中吐蕊競芳，偶爾幾聲唧唧嘓嘓的蟬唱蛙鳴更顯得熱鬧。身處在如詩如畫的美景中，這才赫然發現，小樹林裡不見喧鬧，卻在寧靜之中感覺萬物勃勃生氣、欣欣向榮，那種錯愕，竟然也成為旅行時一種類似獵奇的快感。

「蟬噪林愈深，鳥鳴山更幽」，深與幽的清涼，不正是我們在炎炎夏日裡追尋的目標嗎？於是，我們決定重拾兒時樂趣，在涼風襲襲的櫻花樹下，隨手掛起吊床，編織一個輕鬆快意的仲夏美夢。因此，我喜歡在假日時和友人騎單車來拜訪，山區上下起伏且略帶長度的傾斜公路坡道，對體力和精神都是一大考驗。當汗水奔流時，與大自然近身接觸的感覺，這絕對是開車時無法體會的樂趣。每次騎一趟蘭潭，總覺得更數不盡的天然寶藏等著我一一去發現，就像是上了堂大自然的珍貴課程。心裡，總是滿滿的。（text by 杜弘毅）

圖文組

環島不是一種形式、一種口號，找到自己的方式、旅遊的初衷，就出發吧！就算餐餐吃泡麵也要啟程，我們什麼都沒有，只有一顆童真的心，對每一件事、每一幕風景都保持著好奇心，讓旅行更豐富。它稱不上「壯遊」，因為我們享受其中。
（photo by 郭顯康）

清早急速的狂奔在臺中街頭，趕往車站申請雙鐵班次。怎麼辦？怎麼辦？口袋只有1,050多元，差幾十元不能買大家的車票？錯過這班就得再等到晚上！售票伯伯皺了皺眉，阿莎力的說：「好啦，好啦！快進去！」丟出一堆票給我。我感動得快哭了，我們匆忙趕往月台，列車正好駛入；燦爛晨光就這麼灑進來⋯⋯。
（photo by 郭峻延）

單車旅行上路必備

單車種類、安全裝備、行前訓練、夢想行程

撰文／**何儀琳**

已完成醞釀單車壯遊的心情了嗎？準備用你的熱情踏遍臺灣了嗎？現在你需要行前準備：添購確保旅程安全、舒適的配備，包括單車、安全帽、服裝等，還有行前體能訓練及簡易維修訓練。最後，選定你的夢想路線，馬上啟程！

◎ 挑選適合自己的單車

● 旅行方式

若需在途中搭乘其他交通工具，最好能選購容易拆卸或可折疊的車種，以方便攜帶。若是行程大多數屬於坡地路段，登山車將是較佳的選擇。

● 單車種類

1. 登山車：平把把手，因輪胎顆粒較大、有避震器，較適合崎嶇不平的路況，相對來說，騎行時阻力也較大，速度比較慢。
2. 公路車：彎把把手，車身設計以輕巧為主，適合平坦的安全道路，騎起來輕鬆且速度也較快，但下雨時易打滑。
3. 旅行車：蝴蝶型把手，前後設有行李架，坐管角度較小，騎乘時較為穩定舒適。
4. 小摺車（輪徑20吋以下）：機動性較高，因輪徑較小，騎乘上坡時較大輪徑單車輕鬆，但平坦路段要趕上大輪徑單車則較為吃力，此外，單車操控力也較大輪徑單車差，下坡時需格外注意。

● 黃金三角配重原則

無論選擇哪一種單車，調整適合的坐墊與龍頭位置、高度都相當重要，坐墊高度太高、太低都會受傷，最佳的坐墊高度是，踏板踩至最低點時膝蓋仍呈自然微彎。正常騎行時，應將身體重量平均分配在手把、坐墊與踏板上，也就是所謂的騎車黃金三角配重原則，這樣的騎乘最不容易疲累，也較能避免運動傷害。

◎ 安全裝備不可少

● 合格安全帽

單車速度雖然不如機車快，但因撞擊而摔落的力量卻很強，而且頭部直接撞擊地面機率很大，選擇CNS合格標章的安全帽非常重要，平日也要養成騎上單車就戴上安全帽的習慣。

● 安全帽戴法

選購安全帽時，請到專賣店請店員給予專業建議，一頂合格的單車安全帽必須於正確穿戴時能完全覆蓋頭部，額頭不能露出來。安全帽的帽扣不是扣在下巴，而需扣於下顎處且留有一指空間。帽扣扣上時，帽緣不會壓迫耳朵或擋住視線，後腦位置可以透過固定裝置調整適當大小，左右搖搖頭確定不會晃動，才是一頂適合自己的安全帽。

● 排汗單車服裝

排汗、易乾的車衣與帶有襯墊的車褲，可以讓你的單車行程更為舒適，外加式的風雨衣在天候不佳時，還能提供絕佳保護。同時，因為長時間暴露在戶外，防曬用的乳液、頭巾、太陽眼鏡、手套、長袖外套及長褲等等，能夠隔絕紫外線的裝備也很重要。

自行車安全設備

● 其他安全配備

煞車、響鈴、前車燈、車輪反光裝置、車尾反光裝置及踏板反光裝置等缺一不可，小朋友可再戴上護膝、護肘等配備。

◎ 環島單車行前訓練

● 體能訓練

要進行環島單車之旅前，務必要加強體能訓練，在3個月前必須密集練習，每週練習1～2次，再逐漸加長騎乘距離，至少要有騎乘50公里以上的經驗。除了一般公路之外，更需練習騎乘長坡與陡坡，以適應車輛往來與各種地形。練習爬坡時，需掌握呼吸與腳踏的節奏，一旦適應並掌握要訣後，可有效的增強爬坡耐力，更能克服坡道的挑戰。

● 維修訓練

儘管有萬全準備，騎乘過程中仍有可能在杳無人煙處遇上爆胎，學會自行換胎、檢查煞車、胎壓，準備備胎、拆胎棒及攜帶式打氣筒等工具也相當重要。此外，學習打包輕便行李，以最平均的方式放在身上或行李架上，盡量減少負擔，也必須在行前做好訓練。

◎ 規劃自己的夢想行程

規劃環島行程時，務必要視個人體力與車況而定。環島路線可分為由西向東或由東向西兩大方向，東部路段大多爬坡較高，較需要體力；而西部路段替代道路多，較為平坦，但需要耐力。

規劃行程時，不僅需考慮每日單點至單點之間的移動距離，也要參考路段高度資料，特別是在規劃山地路段行程時，更要注意山路之坡度，以免錯估需要耗費的體力與花費的時間。再者，除了路線地圖外，沿途的住宿點、餐飲所在及單車維修點等，最好也能事前一併規劃在行程當中。

單車壯遊

20種2輪遊臺灣的方式

出　　版　行政院青年輔導委員會
發 行 人　李允傑
總 策 畫　王育群
策畫執行　盧榮朗、張淑媚、郭玲妙
地　　址　100 臺北市徐州路5號14樓
電　　話　（02）2397- 6877
網　　址　http ://youthtravel.tw

企畫製作　商周編輯顧問股份有限公司
地　　址　104 臺北市中山區民生東路二段141號4樓
電　　話　（02）25056789分機5513
網　　址　http://www.bwc.com.tw
企畫主編　羅德禎
執行編輯　廖宏杰、王淑君
行政編輯　連宜玫、賴以玲
美術設計　蔡榮仁、周瓊銖
採訪撰文　游惠玲、廖威棋、謝禮仲、彭欣喬、林小楡、鄭雅綺、莊馨云、曹憶雯、何儀琳
照片提供　「青年單車壯遊臺灣」第1屆及第2屆之20組車隊、李俊賢、林志騏、楊文卿、吳毅平
地圖插畫　Audi Lau

出版日期　2011年4月
定　　價　280元
G P N　1010000532

展售處
國家書店　臺北市松江路209號1樓（02）25180207
五南文化廣場　臺中市中山路6號（04）22260330

單車壯遊：20種2輪遊臺灣的方式／游惠玲等採訪撰文：
行政院青年輔導委員會主編. – 臺北市：青輔會
2011.04
面；公分
ISBN 978-986-02-7152-2（平裝）

1.臺灣遊記 2.旅遊文學 3.腳踏車旅行

733.69　　100002609